CHRISTOPHER (Kit) KELEN

SWIMMING IN THE STORM

•

ÎNOTÂND ÎN FURTUNĂ

SWIMMING IN THE STORM
ÎNOTÂND ÎN FURTUNĂ

Principal Editor/Editor principal: Daniel Ioniţă
Editorial Counsel/Consilier editorial: George Roca
Translators/Traducători: Daniel Ionita & Adriana Paul

Cover design/Copertă: Transilvania Print
Layout & DTP: George Roca, Cristina Dumitrescu

Names: Christopher (Kit) Kelen - author | Ionita, Daniel – principal editor and translator
| Adriana Paul – editor / translator
Title: Swimming in the Storm / Înotând în furtună – Christopher (Kit) Kelen
Description: Sydney | Australian-Romanian Academy Publishing, 2022.
Includes bibliographical references and index.
Identifiers: ISBN (hardcover) – 978-0-6455009-4-3 |
Subjects: Poetry collection | Translation | Bilingual: English & Romanian

CHRISTOPHER (Kit) KELEN

SWIMMING IN THE STORM

•

ÎNOTÂND ÎN FURTUNĂ

Translated by • Traducerea

Daniel Ioniță & Adriana Paul

AUSTRALIAN-ROMANIAN ACADEMY PUBLISHING

2022

CRISTOPHER (Kit) Kelen

is a poet and painter, resident in the Myall Lakes of NSW. Published widely since the seventies, he has a dozen full length collections in English as well as translated books of poetry in Chinese, Portuguese, French, Italian, Spanish, Indonesian, Swedish, Norwegian, Filipino, Greek, with an Esperanto volume to follow. *Swimming in the Storm* is Kit Kelen's first volume of poems in Romanian.

Kit's father, Kelen Istvan (Stephen), journalist and novelist, and table-tennis world champion with the Hungarian team from 1929-1935, first arrived in Australia in 1937, and later sought asylum there, serving in the Australian army, in New Guinea, Borneo and, after the war, in Japan. Stephen Kelen was the only foreign journalist to attend the first Peace Festival in Hiroshima, on August 6th, 1946, later publishing a memoir of the experience, titled *I Remember Hiroshima*. One of Kit's grandmothers was born in Carei, Transylvania (today's Romania).

este poet şi pictor, locuind în Myall Lakes, statul New South Wales, Australia. I-au fost publicate lucrări începând cu decada anilor 1970, incluzând douăsprezece volume de poeme în limba engleză, precum şi traduceri în limbile chineză, portugheză, franceză, italiană, spaniolă, indoneziană, suedeză, norvegiană, filipineză, greacă, şi în curând şi în Esperanto. *Înotând în Furtună* este primul volum al lui Kit în limba română.

Tată lui, Kelen Istvan (Stephen), jurnalist, romancier şi campion mondial de tenis de masă cu echipa Ungariei între 1929-1935, a ajuns în Australia în 1937, cerând azil politic. A servit în armata australiană, în Noua Guinee, Borne – iar după Al Doilea Război Mondial, în Japonia. Stephen Kelen a fost singurul jurnalist străin prezent la Festivalul de Pace de la Hiroshima, 6 August 1946, publicând mai târziu memoriile acelei experienţe, cu titlul *Remember Hiroshima*. Una dintre bunicile lui Kit s-a născut la Carei.

In 2022 Kit Kelen's published the volume *Book of Mother* (Puncher & Wattmann), and a bilingual (Greek and English) volume *a postcard from the fires, a picture of the rains* (Kaleidoscope, Athens). Emeritus Professor of English at the University of Macau, where he taught for many years, Kit Kelen is also a Professor at the University of Newcastle. In 2017, he was awarded an honorary doctorate by the University of Malmo, in Sweden.

Among Kelen's scholarly publications there are several monographs about poetry and children's literature, as well as two on national anthems – *Anthem Quality – National Songs: A Theoretical Survey,* and (with Aleksandr Pavkovic) *Anthems and the Making of Nation States – Identity and Nationalism in the Balkans.* His most recent scholarly book, *Poetics and Ethics of Anthropomorphism – Children, Animals and Poetry* with You Chengcheng (Routledge, 2022).

Kit has been involved in poetry translation with several languages and directions and has had a long interest in the poetry of Central and Eastern Europe. In 2009 he published (in English) a volume of responses to Romanian poets (including Sorescu, Caraion, Cassian) titled, after Dinescu, *God preserve me from those who want what's best for me.*

Series Editor for Flying Islands Books, Kit has mentored many poets and translators from various parts of the world and run several on-line communities of practice in poetry (notably Project 366 from 2016-2020). Kit is a Fellow of the Royal Society of NSW. You can follow Kit's work-in-progress at *the Daily Kit* – https://thedailykitkelen.blogspot.com/

În 2022 Kit Kelen a publicat *Book of Mother* (Puncher & Wattmann), precum și volumul bilingv (în limbile greacă și engleză) *A postcard from the fires, a picture from the reins* (Kaleidoscope, Atena). Kit Kelen este Profesor Emerit de Engleză la Universitatea Macau, unde predă de mulți ani, precum și Profesor Universitar la University of Newcastle (Australia). În 2017 i-a fost conferit titlul de Doctor Honoris Causa de către Universitatea Malmo, Suedia.

Dintre publicațiile academice ale lui Kit Kelen, menționăm mai multe monografii despre poezie și literatură pentru copii, precum și două studii despre imnurile naționale – *Anthem Quality – National Songs: A Theoretical Survey*, și (împreună cu Aleksandr Pavkovic) *Anthems and the Making of Nation States – Identity and Nationalism in the Balkans*. Cel mai recent studiu este *Poetics and Ethics of Anthropomorphism – Children, Animals and Poetry*, împreună cu You Chengcheng (Routledge, 2022).

Kit s-a implicat în traducerea de poezie în numeroase limbi și direcții, și are un adânc interes în poezia din Europa Centrală și de Est. În anul 2000 a publicat, în limba engleză, un volum-răspuns unor importanți poeți români (printre care Sorescu, Caraion, Nina Cassian) cu titlul, după Dinescu, *God preserve me from those who want what's best for me / Ferește-mă, Doamne, de cei ce-mi vor binele!*

Ca redactor-șef al editurii Flying Islands Books, Kit a fost mentorul multor poeți și traducători din diferite părți ale lumii și a condus mai multe grupuri de practică poetică (menționăm Project 366 între 2016-2020). Kit este membru al Societății Regale din New South Wales, iar contribuțiile lui pot fi urmărite pe *Daily Kit* – https://thedailykitkelen.blogspot.com/

here is the story
to save the world

•

iată povestea
care va salva omenirea

a short note on the method

follow a rule until it's broken
when you've gone too far
go on

just for example
take truth on its toes
peering up over
the top of the wall
to see
if a hunch
was right

o scurtă notă asupra metodei

urmează regula până e încălcată
când ai ajuns prea departe
continuă

doar aşa ca exemplu
ia adevărul pe vârful degetelor
cercetând cu privirea peste
coama zidului
ca să vezi
dacă intuiţia ta
a fost corectă

here's the story to save the world

just say yes you heard me
you'll hear me out

let the tale get you in
accept the suspense
you want to know what
you can't yet know

of course there will be hurt
truths will tussle
we'll be wiser

what is it
most makes corpses?
the passion of those
who already know

a single doctrine
fills countless
graveyards

what is it keeps us alive?
keep talking
I want to know how the story ends
keep talking
I'll listen
I promise I will

aici e povestea pentru salvarea omenirii

doar spune da că m-ai auzit
mă vei asculta până la capăt

fie ca povestea să te pătrundă
acceptă suspansul
vrei să cunoști ceea ce
nu poți cunoaște încă

bineînțeles că va exista durere
adevărurile se luptă
vom fi mai înțelepți

ce anume
face cele mai multe cadavre?
pasiunea celor ce
cunosc déjà

o singură doctrină
umple nenumăratele
morminte

ce anume ne ține în viață?
continuă să vorbești
vreau să știu cum se termină povestea
continuă să vorbești
voi asculta
promit că voi asculta

aubade

my head turns to stone
and I sleep like a forest

morning wakes me
with invented birds
when I will burn
a sun or two
all this to be alone

now the rooster
who resembles
his dreams
bends down
for the first
lit worm

aubade[1]

capul mi se face piatră
şi dorm ca o pădure

dimineaţa mă trezeşte
cu păsări inventate
când voi arde
un soare sau doi
totul pentru a fi singur

acum cocoşul
care seamănă
cu visele lui
se apleacă pentru primul
vierme luminat

[1] **aubade** – cânt sau poem care spune bun venit sau lamentează sosirea dimineţii – din Franţa medievală

the place in mind

it is a grove-through glimpse
and only in a certain light
only if you come one way
through a clearing
eyes of a chosen colour
only if doves have led
and the lamps glow showing
how hours have guttered
but there's still telling warms
because the stories
were never finished
which now are known
by heart

un loc în minte

este o licărire prin crâng
şi doar într-o anumită lumină
doar dacă pătrunzi dintr-o anume direcţie
într-o dumbravă
ochi de o culoare aleasă
doar dacă porumbeii te-au condus
iar lămpile strălucesc arătând
cum orele au fost crenelate
dar sunt totuşi încălziri semnificative
pentru că povestirile
nu au fost încheiate niciodată
cele ce sunt acum cunoscute
pe de rost

every sleeping night

shelves of the library
take wing
no telling where
light lands them

and this, my dear
is why I always have trouble
reaching to find
just the right volume

fiecare noapte de somn

rafturile bibliotecii
sunt înaripate
nu se poate spune
unde anume le va ateriza lumina

şi asta, dragă
este motivul pentru care mi-e mereu greu
când mă întind să găsesc
precis volumul corect

untitled

the bird is the sky
the wings are the bird
the breath is the blue
the blue is the bird
these are the wings
of the cage

fără titlu

pasărea e-n cer
aripile sunt pasărea
respirația este albastrul
albastrul este pasărea
acestea sunt aripile
coliviei

parable

we came from the ice
and out of the trees
and wanted the whole world warmer

we lit fires
added timber
we were the axe
we were the flame
as if winter were our own forever
we only wanted the whole world warmer
o fearful the dark
but we brought the firelight
the others we've eaten by now
we burnt till all of the forest was gone

we came to the clock
that's where we are now
hard to hear anything
everyone's in charge
we all follow orders
it's hard to see how this will pan out
but I predict, in time to come
at the Court of All Spirits
our defence will simply be

we came from the dark
we came from the ice
we wanted the whole world warmer

pildă

am venit din gheață
și din copaci
și am dorit ca lumea să fie mai caldă

am aprins focuri
am adus lemne
noi eram toporul
noi eram flacăra
ca și cum iarna ar fi fost a noastră pentru totdeauna
noi doream doar ca toată lumea să fie mai caldă
o! ne temeam de întuneric
dar am adus cu noi lumina focului
pe ceilalți i-am mâncat
am ars până ce toată pădurea s-a dus

am venit la ceasornic
suntem acum aici
e greu de auzit ceva
toți suntem șefi
și toți îndeplinim ordinele
e dificil de întrevăzut cum se vor desfășura acestea
dar eu prezic, că în viitor
la Tribunalul Tuturor Spiritelor
apărarea noastră va fi, pur și simplu

noi am venit din întuneric
am venit din gheață
și doream ca toată lumea să fie mai caldă

timber and stone

is how a house stands

the weather is in it these years
wind for walls
the views in the glass
paint to hold the storm

lemn și piatră

este felul în care stă așezată o casă

vremea este așezată în ea în acești ani
pereții din vânt
vederea este în sticlă
vopseaua să facă față furtunii

one bean down

I paint the ladder ahead of me
that's how it's there
how you are
I have in mind the cloud lit country
where giants cram their mouths with us
say
fee fie foe fum
touch of wings
up there
makes me
giddy
up and up on
always a next rung
dragon fly lattice
I climb
and have a flying rug too
handkerchief for a sail
I steer through the indelible blue
till in the end the sky's a screen
it's everyday run the mill
that's when the whole world freezes
it's just a quick run to the top of the clock
I have to re-start the machine
but I can't see anything to click on
and though there's a whisker
left on the pad
it seems that my mouse has gone

o boabă jos

vopsesc scara dinaintea mea
în acest fel este acolo
în acest fel ești tu
în mintea mea este țara luminată de nori
unde uriașii-și umplu gurile cu noi
spune
fii fie foo fum
atingerea de aripi
acolo sus
mă
amețește
mai sus și mai sus
mereu pe treapta următoare
libelulă zăbrele
eu urc
și am și un covor zburător
cu o batistă drept pânză
manevrez prin albastrul invizibil
până la marginea cerului e un ecran
este zilnica rutină
atunci toată lumea îngheață
este doar o alergare scurtă până sus pe ceasornic
trebuie să pornesc din nou mașina
dar nu găsesc nimic să dau clic
și cu toate că a rămas o mustață
pe platformă
se pare că șoarecele meu s-a dus

out of the fairytale

here comes the threadbear
see how she unravels
how her coat leads her home
through the hungry forest

how she throws the hunter's trail
…
and from her door
it's every way leads her

every direction is home

din poveste

iată vine purtătoarea de fir
vezi cum se deşiră
cum haina ei o conduce acasă
prin pădurea flămândă

ea ocoleşte poteca vânătorului

...

şi de la uşa ei
este condusă peste tot

orice direcţie este acasă

bees

1
they are calligraphers of heaven
with tracks of pointed fire, scribes set down the day
melt wings to wax
no two turns same
they show the moment for itself

such signatures they make away
we follow to find ourselves

2
bees spin like sparks
in their night of smoke
hoard the sun

they wear it in stripes
and they wear the dark

in the hours before the shadows come
still golden

bees have gathered
the day to this end –

the light
within the hive

albine

1
ele sunt caligrafii cerului
cu urme de foc ascuțit, scribi ce așază ziua
topesc aripile în ceară
nici una nu se întoarce precum cealaltă
ele arată momentul de sine stătător

asemenea semnături făcute de ele
noi ne urmărim pentru a ne regăsi

2
albinele se învârtesc precum scânteile
în noaptea lor de fum
ele strâng soarele

îl poartă în dungi
ele poartă întunericul

în orele de dinaintea umbrelor ele vin
încă aurite

albinele au adunat
ziua în acest scop –

lumina
dinlăuntrul stupului

the invisibility cream

let me explain about the invisibility cream
it has lots of applications
it's good for people who don't want to be seen in public
for kids who want to get at their birthday presents early
and for pilots bailing out over
enemy territory

it's good for thieves and armies
and rocket ships and spies
it's good for anyone who wants to be
where they're not supposed to be

it's good for dictators who have just been deposed
it's good for people who have lost their tickets
or forgotten to buy them

with the invisibility cream you have to watch your step
because you can't see where it is
you can travel up and down the lifts
in big buildings in the city
and make as much noise, be as smelly, as you like
people will be too scared to say a thing

you can sit in on board meetings of huge corporations
make points of order in a parliament
dissents out of thin air
you can go to the president's press conference
and sit on the president's knee

crema invizibilității

lasă-mă să-ți explic despre crema invizibilității
are foarte multe folosințe
e bună pentru cei ce nu vor să fie văzuți în public
pentru copiii care vor să-și primească mai devreme
cadourile pentru ziua de naștere
și pentru piloții care sar cu parașuta deasupra
teritoriului inamic

este bună pentru hoți și pentru armate
și nave spațiale și spioni
este bună pentru oricine vrea să fie acolo unde nu are voie

este bună pentru dictatorii care tocmai au fost îndepărtați de la putere
este bună pentru oamenii care și-au pierdut biletele
sau au uitat să le cumpere

cu crema invizibilității trebuie să fii atent unde calci
pentru că nu vezi unde este
poți merge cu liftul în sus și-n jos
în marile clădiri ale orașelor
și poți face zgomot cât vrei, poți mirosi oricât de urât,
oamenilor le va fi prea teamă ca să protesteze

poți să iei parte la adunări administrative ale marilor corporații
poți adăuga puncte pe ordinea de zi a parlamentelor
te poți opune fără motiv
poți merge la conferința de presă a președintelui
și te poți așeza pe genunchiul președintelui

you can tickle
say 'santa' and 'pumpkin'
in front of all those cameras
the president won't let on that you're there

but you don't have to do any of these things
with the invisibility cream
you can erase just a bit at a time
you can turn legs into telescopes
look in one ear and out the other

with the invisibility cream
you can see right through me
then on the other hand
I can rub you out
with the invisibility cream
sometimes it will seem
like our bodies have gone off on holidays
left us behind just to talk about it
when really we're still here

pe care-l poți gâdila
poți spune „moș crăciun" și „dovleac"
în fața tuturor camerelor de luat vederi
președintele nu te va da de gol

dar nu e nevoie să faci nici una dintre acestea
cu crema invizibilității
poți numai să ștergi câte puțin timp
poți transforma picioare în telescoape
să privești înăuntru printr-o ureche și afară prin cealaltă

cu crema invizibilității
poți privi direct prin mine
dar pe de altă parte
eu te pot șterge cu guma
cu crema invizibilității
uneori va părea
că trupurile noastre au plecat în concediu
și ne-au lăsat în urmă doar ca să vorbim despre ea
când în realitate noi suntem încă aici

the spirits of all whom we've eaten return

they crowd in through windows
peer in glass doors

the spirits of those whom we've unhoused
strike match after anxious match
for the winter
but they have been snap frozen

where they go
these creatures know how things are
they won't argue with the final score

theirs are faces past sadness or sorrow

they just want to know the truth
this is all they ask of us
they just want to know why

duhurile tuturor celor pe care i-am mâncat se întorc

se înghesuie prin ferestre
se uită prin uşile cu geam

duhurile celor ce i-am scos din casele lor
aprind chibrit după chibrit anxios
pentru iarnă
fiindcă au fost congelaţi instantaneu

unde se duc
aceste creaturi ştiu cum stau lucrurile
şi nu vor disputa scorul final

feţele lor sunt dincolo de tristeţe şi jale

ei vor doar să cunoască adevărul
asta-i tot ce vor de la noi
ei vor doar să ştie de ce

glimpse

everything
goes its own way
unknowing

the eye in its blind turn
deaf ear attuned
these lips
which taste
the words
not spent

everything knows
its way unbidden

the track in its turn
for which feet
have fallen
the heart
in its home
under words

întrezărire

totul
îşi urmează calea
în neştire

ochiul în întoarcerea lui oarbă
urechea surdă acordată
aceste buze
care gustă
aceste cuvinte
necheltuite

totul cunoaşte
drumul lui neinvitat

poteca în întoarcerea ei
pentru care picioarele
au căzut
inima
în căminul ei
sub cuvinte

poetry

comes from a shallow place
so easily missed
like marks passed over
too small to see

it's never unexpected –

everyone's hoping for rhythm, for rhyme

until the wall appears

then we first notice

these women and men
girls and boys
animals every one

shaped like sledgehammers
with poetry on their backs
bashing head against brick
until the message is clear

poezia

vine dintr-un loc superficial
atât de uşor de ignorat
precum urme peste care trecem
prea mici pentru a le vedea

nu-i niciodată de neaşteptat –

toată lumea speră după ritm, după rimă

până când apare zidul

atunci observăm pentru prima dată

aceste femei aceşti bărbaţi
fete şi băieţi
animale cu toţii

în formă de baroase
cu poezie pe spatele lor
lovindu-se cu capul de cărămidă
până când mesajul este lămurit

the spider

how naked the spider
as it lets down its prey
by ancient ropes and pulleys

and draws the fresh corpse out of sight
to take a first delicious bite

păianjenul

cât de gol e păianjenul
când îşi coboară prada
pe antice frânghii şi scripeţi

şi retrage cadavrul proaspăt de la vedere
ca să se înfrupte din prima muşcătură delicioasă

the truth

we followed it
with a pack of hounds

but the scent grew ever weaker

it was just a little growl
or any confidence betrayed
the truth

sometimes you could taste it too
swallow
it could come back up
that was and is
the bitter truth

the hard lesson is
some lives are
to tell the truth
until it's gone

some of us are only lost
so as to find the way

adevărul

l-am urmat
cu o ciurdă de câini

dar mirosul a devenit din ce în ce mai slab

era doar un mârâit mic
sau orice încredere care trăda
adevărul

uneori chiar îl puteai gusta
înghiți
putea reveni
ceea ce a fost și este
amarul adevăr

lecția grea este
unele vieți există
ca să spună adevărul
până când se duc

unii din noi se pierd numai
pentru a găsi drumul

sticks and stones

the wolf has a bad name
worse than the fox
though neither sly
nor sinister
she tears your heart
to shreds
she eats it
and she licks her chops
and never
does the dishes

bețe și pietre

lupul are o reputație proastă
mai rea decât a vulpii
deși nu-i șireată
nici sinistră
îți rupe inima
în bucăți
o mănâncă
se linge pe bot
și niciodată
nu spală vasele

sometimes

a mountain
will have its own little cloud
and wisp, some say

grey as water falling
just there
neither here nor

high hover of all morning hung
as if grazing
although at this height
the grass is gone

this is weather
where the wind licks least

sometimes so thick
you won't see through
like a fleece you'd call
in for dinner
honest as the day is long

climb to it and through
and watch your footing

uneori

un munte
va avea micul lui nor o iluzie,
spun unii

gri pe când cade apa
chiar acolo
nici aici, nici

mai sus planează toată dimineața agățată
ca și cum ar pășuna
deși la această înălțime
iarba-i dusă

aici este vremea
unde vântul linge cel mai puțin

uneori atât de groasă
că nu se poate vedea prin ea
ca o lână ai spune
venind la cină
cinstită cât e ziua de lungă

suie-te pe ea și prin ea
și fii atent unde pui piciorul

hang halo
with a length of word

too much has been read in
a simple mist

all summer
soft as shadow
grass woven
in the years
of day

clouds cut hard
shape straight lines
carve aftternoon
from hours
to pass

there's nothing in this world
fast as a mountain

see how it ran
till watch the moss bloom

there's nothing so sound
as a cloud asleep

there's no time
passing here

    sometimes

agaţă aura
cu o lungime de cuvânt

prea mult s-a citit într-un
simplu abur

toată vara
moale ca o umbră
iarba împletită
în anii
zilei

norii taie dur
forme de linii drepte
cioplesc după-amiază
din ore
ca să treacă

nu-i nimic în această lume
atât de rapid ca un munte

vezi cum a alergat
până când vezi cum înfloreşte muşchiul de copac

nu-i nimic mai solid
precum un nor care doarme

nu e niciun timp
care să treacă pe aici

damage control

those who
make weapons
buy weapons
sell weapons
those who
tell us
we must have weapons –
these folk should have weapons
tested on them

controlul daunelor

aceia care
făuresc arme
cumpără arme
vând arme
aceia care
ne spun că
trebuie să ne înarmăm
ar trebui ca aceste arme
să fie testate pe ei

trees and stars

each to their hours
dawn dusk their exhalations
fade one to the other
and better than spires
their straight standing
and better than prayers
their silence

copaci și stele

fiecare cu orele lui
dimineața seara cu expirațiile lor
se estompează una pe cealaltă
mai bune decât turlele
cu așezările lor drepte
mai bune decât rugile
cu tăcerile lor

considering the uses of evil

the child is drowning in the well
you hear the screams
you know there's a rope
you know where the rope is

the knowledge is like an echo in you
you know it is a dream
and you wake to dodge the bayonet
aimed at your heart

you say
'I didn't do it
I never did a thing'

still the same dark
inside wherever they call this a soul

the wallpaper peels
rattles the wind
but it's always the same pattern

eyesight weakened
sense of smell dimmed
each meal less taste than the last
not so many years left to this world
the emperor finds every day
it is easier to order
the executions

despre folosințele răului

copilul se îneacă în fântână
tu-i auzi țipetele
știi că există o frânghie
știi unde este

această cunoaștere este ca un ecou înlăuntrul tău
știi că e un vis
și te trezești ca să eviți baioneta
ațintită spre inima ta

zici
„n-am făcut eu asta
eu n-am făcut nimic"

același întuneric
înlăuntrul a ceea ce ei numesc suflet

tapetul se decojește
flutură în vânt
dar tiparul este mereu același

vederea slăbită
simțul mirosului estompat
fiecare masă are același gust ca cea de dinainte
nu mai sunt mulți ani rămași în această lume
realizează împăratul în fiecare zi
este mai ușor să dai ordine
pentru execuții

hubris

and the woodcutter
takes down the shadows of trees
all that is left to him
all that remains of the once proud
and he fells himself at last

ants rise to worship
where the birds spoke light
only the fierce sun stands

hybris

iar tăietorul de lemne
doboară umbrele copacilor
asta-i tot ce-i mai rămâne
asta-i tot ce rămâne din mândria de odinioară
iar la sfârșit se doboară și pe sine

furnicile se ridică spre închinare
acolo unde păsările vorbeau lumina
rămâne doar soarele nemilos

and flirt all the way to the grave

why stop there?
there's a cute girl in the firing squad
in her heart she is smiling and waving
though she has to be serious for her job
but I know we can catch up later on

see her, there on the left?
she'll aim for the heart
but shed a tear

on closer inspection
can you see? they're all cute girls
that means that their aim was true
I'm on the other side

și cochetează pe tot dumul spre mormânt

de ce te oprești aici?
în plutonul de execuție e o fată drăguță
în inima ei ea zâmbește și-ți face cu mâna
deși trebuie să rămână serioasă ca să-și facă treaba
dar știu că putem lua legătura mai târziu

o vezi, acolo în partea stângă?
va ținti spre inimă
dar va lăcrima

dacă te uiți mai cu atenție
nu vezi? tot plutonul e format din fete drăguțe
asta însemnă că au țintit bine
eu sunt de partea cealaltă

silence

has love
to curl into
it's the between words, breaths
between each touch
when you're still touching
but nothing is left to say

tăcere

trebuie oare ca iubirea
să se ghemuiască
sunt cuvintele dintre, respirații
între fiecare atingere
când există încă atingere
dar nu mai rămâne nimic de spus

in heaven

the text of every letter never written
thoughts too naïve or clever to think

it'll all be alright
it'll all be alright
that's what they say when the end is near

in heaven
the gentle running
of the fountains

in hell
a dripping tap

în ceruri

textul fiecărei scrisori nescrise vreodată
gânduri prea naive sau deștepte de gândit

totul va fi bine
totul va fi bine
asta spun toți când se apropie sfârșitul

în ceruri
susurul ușor
al fântânilor arteziene

în iad
un robinet care picură

a round

it's not the fear of falling
it's just the fear you'll jump

like the fear you'll find a calling
the fear of joining up

it's not the fear you'll come to grief
it's the grief of fear that's come

it's not the fear of falling
it's just the fear you'll jump

un rondo

nu-i teama de cădere
ci doar teama de sărit

precum teama de vedere
precum teama de iubit

nu-i teama că vei eșua
ci jalea temerii ce-a sosit

nu-i teama de cădere
ci doar teama de sărit

my flag

is a beach towel, heavy with sand
tribes of people are tangled in it
and wonder who to be

my flag is not a thing
for which I volunteered
and still the heart has refuge there
and still a hand salutes

the flag
must be all things to all
how else can it stay up over our heads?

if it were a mirror flying
that would make everyone happy

in a room with the queen you'd see the queen
and she'd see you , her subject
and see all the flags
back down through the past
as if there were a book of mirrors

in the bush would be magpies to fly in and tangle
we can catch them like that when they get territorial

drapelul meu

este un prosop de plajă, îngreunat de nisip
triburi de oameni sunt încurcați în el
și se întreabă cine să fie

drapelul meu nu este un lucru
pentru care să mă fi înrolat ca voluntar
și totuși inima își găsește refugiul acolo
și totuși mâna salută

un drapel
trebuie să reprezinte toate pentru toți
cum altfel ar putea rămâne deasupra capetelor noastre?

dacă ar fi o oglindă zburând
asta i-ar face pe toți fericiți

în camera cu regina ai vedea regina
și ea te-ar vedea pe tine, supusul ei
și ar vedea toate drapelele
mergând înapoi prin trecut
ca și ele ar fi o carte de oglinzi

în tufișuri ar exista gaițe zburând prin ele și încurcându-se
le putem prinde atunci când devin atașate de teritoriu

on the front of the big boss's car – so shiny!
we must build a road!

one sees the dark reflected there
and in the night one would choose the stars –
bright pinpricks from another sky

then the true flag must fly
some days be windblown
some days limp

from the pole
that flag would be a square cut of heaven
and there would be no strings attached

în faţa maşinii şefului celui mare – atât de strălucitoare
trebuie să construim un drum!

se vede întunericul reflectat acolo
iar noaptea putem alege stelele –
înţepături strălucitoare dintr-un alt cer

atunci trebuie să fluture drapelul cel adevărat
într-unele din zile e zburat de vânt
în altele atârnă flasc

de pe stâlp
drapelul ar fi un pătrat tăiat din ceruri
fără nici o legătură, fără nicio obligaţie

homages to
romanian poets

•

omagii pentru
poeții români

after Sorescu

pumping irony – who needs a gym?

tragedy then farce
for fitness

a symmetry to the landscape
peasants below ground
peasants on top
swords into ploughshares
back again

how about a great leap forward
on the spot?

după Sorescu

penalty la persiflare – cui îi mai trebuie fotbal?

tragedie apoi farsă
pentru fitness

o simetrie a peisajului
țărani sub pământ
țărani deasupra
săbii făurite-n fiare de plug
apoi înapoi

ce să mai zicem de marele salt înainte
pe loc?

I was framed

everything here was planted
and on my person, convenient to find
incriminations, clues

look around – there is nothing but evidence
everything I own was measured for a place
like the box to take you out in not quite yet

all of these words you are hearing now
they were put in my mouth
just how it is with my kind, you know
I could hardly be held responsible
but somebody has to be

paid my taxes, but it's not enough
wreck of life – should have seen it coming

those police were so secret
no one could blame them
yes, there is a certain level of technical skill
(the electrodes, punching without bruising
an understanding of humiliation)
but it goes without saying
these operatives, the agents, cannot have known
what they were doing
nor whose ultimate orders they followed
such things are not to be "countenanced"
(is that what you say?)

înscenare

totul aici a fost implantat
şi pe persoana mea, convenabil de găsit
lucruri incriminante, indicii

priveşte în jur – totul reprezintă dovezi
tot ce-mi aparţine a fost calculat pentru un loc
precum cutia în care te vor scoate dar nu încă

toate cuvintele pe care acum le auzi
sunt şi ele puse-n gura mea
aşa este cu cei ca mine, ştii
nu pot fi considerat responsabil
dar cineva trebuie s-o facă şi pe asta

mi-am plătit impozitele, dar nu-i de ajuns
viaţă ca o epavă – ar fi trebuit să prevăd

poliţia era atât de secretă
nimeni nu-i putea învinui
da, e un anumit nivel de aptitudine tehnică
(electrozii, să lovească fără vânătăi
o înţelegere a umilirii)
dar nu-i nevoie să mai repet
aceşti operativi, agenţii, nu puteau
să ştie ce făceau
nici ordinele cui le urmau
aceste lucruri nu pot fi contrafăcute
(aşa se zice?)

they presented me with the list
and painted into such a corner
I dutifully signed

yes, I put the ideas in their heads
yes, I this that the other
(the water boarding, the light never goes)

there may have been resentment
but if they broke bones
those bones were the ones prescribed
(anyway fragile)
neither more nor...
they were and are still the paid servants of fervour
if silence can be spoken
then the disappeared will yet be known

see how nations vanish, the empires
how everything owned
crumbles out of reputation

things that were life and death at the time
who could care less now?

names of the ghosts remain to us
and nameless ghosts
and ghosts who never had a name
does one make one's own selection of facts?

mi-a prezentat o listă
şi au zugrăvit-o într-un asemenea unghi
am semnat ascultător

da, eu am pus aceste idei în capul lor
da, eu am asta, aia, următoarea
(tortura cu apă, lumina nu se stinge niciodată)

a existat probabil resentiment
dar dacă ei au rupt oase
acele oase erau mereu cele prescrise
(mereu fragile)
nici mai multe nici…
ei erau şi sunt încă servitorii plătiţi ai râvnei
dacă tăcerea ar putea fi vorbită
atunci dispăruţii ar putea fi totuşi cunoscuţi

vezi cum dispar naţiunile, imperiile
cum tot ceea ce este deţinut în proprietate
se sfărâmă din reputaţie

lucruri care erau de viaţă şi de moarte la vremea lor
cui îi mai pasă de ele acum?

nume de duhuri mai rămân cu noi
duhuri care nu mai au nume
şi duhuri care n-au avut nume niciodată
poţi oare să alegi dovezile după cum vrei tu?

everything of mine will forget me
get the picture?
I was fitted up
cliché of a clock ticks on

yes, you're quite right
it is a kind of dream

and the moon rests bent
on the sill above the sink

only just
out of reach

tot ce-i al meu mă va uita
pricepi?
am fost aranjat
clişeul unui ceas ticăind

da, ai mare dreptate
este un fel de vis

şi luna se odihneşte îndoită
pe pervazul de deasupra chiuvetei

numai puţin
dincolo de a putea fi atinsă

idyll

or

poem with most of a line from Sorescu

a wind shaped tree
in the meadow of sleep

youth after Lethe lain
green in clover

and death is here too
in the blue of the sky

cloud of a man comes floating
equally woman is

this is the steadying rain
speaks heart to heart

pulse over these roofs of heaven
head in the lap of the reaper

idilă

sau

poem cu mare parte a unui rând din Sorescu

un copac fasonat de vânt
în poiana somnului

tinereţe aşezată după Lethe
verde în trifoi

şi moartea este de asemenea acolo
în albastrul cerului

nor al unui om plutind
în mod egal femeie este

aceasta este ploaia liniştitoare
vorbeşte de la inimă la inimă

puls deasupra acoperişurilor cerului
cap în poala secerătorului

after Stoiciu

squirrels

squirrels live faster
their chronicle is known
to starlings, sparrows

all creatures on such scale
seem manic to us
in fact they're quite calm
live in their own good time

it's true none of these
keep up with insects
but usually can bring themselves
to choke a few of those down

după Stoiciu

veverițe

veverițele trăiesc mai repede
cronicile lor sunt cunoscute
sticleților, vrăbiilor

toate creaturile la o asemenea scară
ne apar a fi maniace
de fapt ele sunt foarte calme
trăind în timpul lor natural

e adevărat că nici una dintre acestea
nu poate ține pasul cu insectele
dar de obicei sunt în stare
să înghită câteva dintre acestea

after Caraion

even the sea

even the sea
goes down the plughole
the floor of the ocean rots out in the end

trust none of the eternities

darkness is coming
and we will go under

screams of defiance
are merely for proof

windows in my poor cell
grow smaller
weather drifts
further away

the spider counts me in her web
I treasure this gathering to light
this sign
that somebody builds for tomorrow

după Caraion

chiar și marea

chiar și marea
se duce pe gaura de scurgere
fundul oceanului putrezește până la urmă

să nu te încrezi în nicio eternitate

întunerecul vine
și noi ne vom scufunda

urlete de sfidare
sunt doar dovezi

ferestrele din celula mea sărăcăcioasă
se micșorează
vremea alunecă
tot mai departe

păianjenul mă consideră deja în plasa lui
prețuiesc această adunare în lumină
acest semn
că cineva construiește pentru mâine

after Caraion

kicking a dog to death and laughing

we laugh at
the clown falling over
the stumbling drunk
the great man down
the mother crone
martyr saint
we laugh at them – fools
see them all at their risible worst
spat on, beaten, weeping
done down, braced for the next blow
what a grimace, what a great guffaw
we laugh at dumb creatures humbled
laugh at the sun with arrows shot
laugh with gods' laughter
for all weak creatures
for the weakness of creation
we kick a dog out of this world
and we laugh
we're not laughing at death
we're laughing with

după Caraion

lovind câinele cu piciorul până moare și râzând

râdem de
clovnul care cade
peste bețivul împiedicat
peste marele om prăbușit
peste babă
sfântă martiră
râdem de ei – nebuni
îi vedem la cel mai rău moment posibil
scuipați, bătuți, plângând
împinși jos, încordați pentru o nouă lovitură
ce grimasă, ce mare hohot
râdem de aceste creaturi umilite
râdem la soarele de săgeți împuns
râdem cu râsul lui dumnezeu
de toate creaturile slabe
de slăbiciunea creațiunii
lovim cu piciorul un câine afară din lumea asta
și râdem
nu râdem de moarte
ci râdem cu

after Dinescu

God preserve me from those who want what's best for me

law is what stands between
a good time for some
and grim truth for the rest of us

let me assure you I need protecting

without their good wishes
and my own devices
irony could get a grip
and that's tomorrow bung

problem is
things won't have meant what they mean

but a breeze through the glass
commands I stay

după Dinescu

ferește-mă, Doamne,
de cei ce-mi vor binele!

legea e cea care stă între
ceea ce este bine pentru unii
și ceea ce este adevărul crud pentru noi ceilalți

vă asigur că am nevoie de protecție

fără dorințele lor de bine
și fără mijloacele mele
ironia s-ar putea împământeni
și ăsta e dopul zilei de mâine

problema este că
lucrurile n-ar fi însemnat ceea ce înseamnă

dar o briză prin sticlă
îmi comandă să rămân

after Cassian

somewhere salvation

we were the ones told to clean up our plates
people are starving somewhere

so we turned the forest to matchsticks
waste not, want not

now nothing's left
so the old injunction's true

I wanted to save the best thing for last
it never works out that way

those who are not wanted
get wasted

now I want this other roar
not of the sea

this wind
will blow nothing away

trees struggle to have the city again
then let there be a city of trees!

such commerce as is in those branches
will be offered for a song

după Cassian

undeva mântuirea

nouă ni se spunea să terminăm ce-avem în farfurie
altundeva oamenii mor de foame

aşa că am transformat pădurile în beţe de chibrit
nu risipi, nu duce lipsă

acum nu a mai rămas nimic
aşa că vechea dispoziţie e adevărată

am vrut să păstrez ce e mai bun pentru la sfârşit
dar niciodată lucrurile nu ies aşa

cei ce nu sunt doriţi
sunt aruncaţi la gunoi

acum vreau un alt vuiet
nu al mării

acest vânt
nu va zbura nimic de la locul lui

copacii se chinuie sa aibă din nou oraşul
aşa ca să fie un oraş de copaci!

acest comerţ precum în acele ramuri
ni se va oferi ca un mare chilipir

after Elena Stefoi

all that I know

all that I know
has a mine field around it
rumour and guesswork
are better protected
assumptions I keep
to the heart –
a steel bunker
where it is foretold
the enemy must
one day
break through

după Elena Ștefoi

tot ce știu

tot ce știu
are un câmp minat împrejur
zvonuri și ghicit
le șade mai bine protejate
premisele le țin
la inimă
un buncăr de oțel
căruia îi e prezis
că inamicul
într-o zi
îl va străpunge

love song

barbarism is never far
it is the heart's horizon
beyond which I taste
blood of my enemies
sweet to the bone
I know they think
of me this way
that we sing
the same song

cântec de dragoste

barbarismul nu e niciodată prea departe
este inima orizontului
dincolo de care gust
sângele dușmanilor mei
dulce până la os
știu că ei gândesc
despre mine în acest fel
ca și cum am cânta
același cântec

the whole city burns

and the cannibals
are warming their hands by it
learning the names of the towers by heart
just as each one falls

tot orașul arde

și canibalii
își încălzesc mâinile la el
învăţând pe de rost numele turnurilor
pe când fiecare dintre ele se prăbușește

when we were young

•

când eram tineri

Rome

I like the saints
everywhere perched at unlikely heights –
brought by eagles, by any impossible means

like children, to whom fear is unknown
whom only love can save
they are expendable – that's the whole point
there's more than one born every day

on their feasts, though drunk on affection
they're jealous – recumbent in light

and Christmas comes after them
they're frugal enough
God's eyes though He needs none
I like most of all their duty to love me
a tingle down spine

at the end of all ages they shift from the frame
to bot just a smoke – that's how humble they are
they've had all eternity ready to jump
but know this would be unforgiveable pleasure

just as the poor know not to cast off the centuries
to catch a breath of good air

Roma

îmi plac sfinții
agățați peste tot la înălțimi incredibile
duși acolo de vulturi, prin orice mijloace imposibile

precum copiii, cărora teama le este necunoscută
pe care doar iubirea îi poate mântui
sunt atât de neesențiali – ăsta-i punctul principal
sunt destui ce se nasc zilnic, nu doar unul

la sărbătorile lor, deși beți de afecțiune
sunt geloși – întinși tihnit în lumină

și Crăciunul vine în urma lor
sunt destul de economi
ochii lui Dumnezeu, deși El n-are nevoie de ochi
îmi place mai ales datoria lor de a mă iubi pe mine
o furnicătură pe șira spinării

la sfârșitul tuturor timpurilor ei ies din ramă
să atingă doar fumul – atâta sunt de umili
au avut la dispoziție toată veșnicia ca să sară
dar acum asta ar fi o plăcere de neiertat

doar săracii știu că nu pot să azvârle secolele
pentru a apuca o respirație de aer curat

and the rainbow lorikeets address me

in voices St Francis never heard
later – the rainbow itself communing –
sun, cloud, speech of the sea
last rain itself
a rhythm
for the shelter of dreams

the sunset lives on in the bird
as hearth to day
the dream winding down
out of hills
yet to light

who is it
wakes the birds who bring
the day from memory
?
who is it
folds the wings
to night

și lorekeeții curcubeu[2] mi se adresează

cu voci pe care Sfântul Francisc nu le-a auzit niciodată
după aceea – curcubeul însuși comunică –
soare, nor, exprimarea mării
ultima ploaie
un ritm
pentru adăpostul viselor

apusul continua să trăiască în pasăre
precum vatra în zi
visul se liniștește
dinspre dealuri
totuși spre lumina

cine este cel care
trezește păsările care aduc
ziua din amintire
?
cine este cel care
le pliază aripile
către noapte

---

[2] **Lorikeet Curcubeu** – Trichoglossus moluccanus – specie de papagal nativ al Australiei. Penajul multicolor îi conferă numele popular.

Peter Rabbit
on Military Road, the library

there is a first light
not twice the same
goes with us unsaid

mine retains
each step upsy daisy
rabbits bounce

read to me
I lack words
point to tell now

street and car, splinter
coming up
the white paint stairs

hand held to voice
where wonder, remember
long before the map

and still looking
I can't find the book
that we're in

Petre Iepure
pe Drumul Militar, biblioteca

iată prima rază de lumină
niciodată la fel
merge cu noi nespusă

a mea reține
fiecare pas hopa-sus
iepurii sar

citeşte-mi
îmi lipsesc cuvintele
arată-mi şi spune-mi acum

stradă şi vehicul, se despart
suind
pe scările vopsite în alb

ţinând vocea de mână
unde uimirea, aminteşte-ţi
cu mult înaintea hărţii

şi privind încă
nu pot găsi cartea
în care suntem noi

when we were young

dust played in the beams
it spun like stars

we came up those stairs into a book
and there the dream was all day

all that was needed
might have been met
and yet we wanted on
how else?

we could smell everything then
it was sky all up
leaves, bark, fur, flesh

no one questioned the bed
love was yet to be named
but we knew the voices, these arms

when we were young
and the dust beams played
no reason for their any direction

trees looked in through windows
we had the forever of a moment then
the only principle obeyed
was wonder
when we were young

când eram tineri

praful se juca pe bârne
se învârtea precum stelele

ne-am suit pe acele scări într-o carte
şi acolo era visul toată ziua

tot ce aveam nevoie
se rezolvase deja
şi totuşi noi tot continuam să ne dorim
cum altfel?

atunci puteam mirosi totul
era cer de sus până jos
frunze, coajă de copac, blană, carne

nimeni nu întreba despre pat
iubirea nu avea încă nume
dar cunoşteam vocile, aceste braţe

când eram tineri
şi razele de praf se jucau fără motiv
pentru niciuna din direcţiile lor

copacii priveau prin ferestre
aveam atunci veşnicia momentului
singurul principiu demn de ascultare
era acela de a ne minuna
când eram tineri

chewing the fat

the tiger eats the keeper
is the day any different?

so little prey
such a small savanna

actually the tiger eats
very little of the keeper

the tiger has a tranquilized day

what remains of the keeper
is taken away

the future of the tiger
is discussed at length

two legs with the inedible fake fur
pass it around their dinner table

they're eating large animals
between mouthfuls of air
chewing the fat

taifas

tigrul îl mănâncă pe îngrijitor
e ziua asta cumva diferită?

atât de puțină pradă
o savană atât de mică

de fapt tigrul mănâncă
foarte puțin din îngrijitor

tigrul are o zi tranchilizată

ceea ce a rămas din îngrijitor
este luat și dus de acolo

viitorul tigrului
este discutat în amănunt

două picioare cu blană falsă necomestibilă
dă-o celor așezați în jurul mesei

ei mănâncă animale mari
printre guri de aer
la taifas

birds sing

four hands will fold the sky
cross corners
put away the day

lie for a time with the light within
so wonder
who calls the twig to reach past winter
like a hand for warmth slipped into a glove

.

in absence
of tree, branch, leaf
without words
or any sense
of the folly
of saying
birds sing

all they need
is light

cântă păsări

patru mâini vor împături cerul
colțurile opuse
vor pune ziua deoparte

așterne-te pentru o vreme cu lumina dinlăuntru
așa că miră-te
cine numește rămureaua ca să ajungă dincolo de iarnă
precum o mână ce caută căldura într-o mănușă

•

în absența
copacului, ramurii,
frunzei fără cuvinte
sau fără sensul
nebuniei
de a rosti
păsările cântă

nu au nevoie decât
de lumină

what can you say?

what can you say to clouds
that they won't wisp away?
what can you say to trees
they won't stand?
bears in the forest
lean to a breeze
rain glazed in winter coats
they are of earth
ferns fall before them
birds have caught
the madness of air
and they are always gone

ce poți spune

ce poți spune norilor
ca să nu dispară ca o iluzie?
ce poți spune copacilor
ca să nu stea drepți?
urșii din pădure
se înclină înspre o briză
de ploaie satinată în cojoacele lor de iarnă
ei sunt ai pământului
ferigile cad înaintea lor
păsările s-au molipsit
de nebunia aerului
și sunt mereu plecate

where was I?

when the tree became me
took wing and branch
was lit

bent where?

so all the moment
time fell round

a leaf spun down

I got the grub
so swayed

mid-flight, like an arrow's

where was the instant
green became me
danger was outrun?

because I took
to heart

and meant
where no word would

where?
where was I just then?

unde eram?

atunci când copacul a devenit eu
a luat aripă şi ramură
a fost aprins

înclinat unde?

aşa că tot momentul
timpului a căzut în jur

o frunză s-a învârtit în jos

am luat viermele
legănat astfel

în mijlocul zborului, precum al unei săgeţi

unde era verdele
instantaneu devenind eu
depăşind pericolul?

pentru că am pus
la inimă

şi am spus cu intenţie
acolo unde nu a făcut-o niciun cuvânt

unde?
unde eram eu chiar atunci?

schadenfreude
(never defeated on German soil)

today I saw it for the first time here
she was running up the station stairs
dressed for the part
puffed
and he said, as lazily as he could
when there was not the least need —
'it's gone'

laughter under an umbrella
when the storm strikes all around

schadenfreude
(neînvinsă pe pământul german)

azi am văzut-o aici pentru prima oară
alerga în sus pe scările stației
îmbrăcată la șapte ace
umflată-n pene
iar el a zis, leneș cât cuprinde –
„s-a dus"

râsete sub o umbrelă
când furtuna lovește peste tot

in Lhasa
at the Jokhang
is devotion a public performance?

which thou least holy?

the old Tibetan man washing his raw corn
from the revered tap?
tourists washing their hands over his corn?
the girl with the camera who catches it all?
monk unconcerned, brushing by?
the foreign devil with the pen
who gets it down?
your reading eye?
the mind behind?

all second guessing perpetual motion

there's oiling the prayer wheels
but that's not enough

another devotee comes after
with a rag for the drips

în Lhasa
la Jokhang
este devoțiunea un spectacol public?

care ești cel mai puțin sfânt?

bătrânul Tibetan spălându-și porumbul crud
la robinetul cel sfânt?
turiștii spălându-și mâinile peste porumbul lui?
fata cu aparatul de fotografiat care prinde totul?
călugărul trecând pe lângă ei nepăsător?
diavolul străin cu stiloul
care le documentează?
ochiul tău cititor?
mintea din spatele lui?

toate aproximând un perpetuum mobile

se ung roțile de rugă
dar asta nu-i de ajuns

un alt credincios vine după aceea
cu o cârpă pentru picături

poetry of the bitter end

the guillotined head
has time for a haiku
but training is required
for this feat

of course
you could cheat
with a memorised text
but last words are better
off the cuff
you get just
one shot at this

poezia crudului sfârșit

capul ghilotinat
are timp pentru un haiku
dar e nevoie de training
pentru această realizare

bineînțeles
că poți trișa
cu un text déjà memorizat
dar ultimele cuvinte sunt mult mai bune
improvizate
ai o singură șansă
pentru asta

some notes concerning the method (expansion)

when you've gone too far
(in poetry, in paint, in life)
with a blunt stick
with a bucket of mud

then it's time to look inside
see how a thing ticks
take it apart to see
lay all of it out on the workbench
apply the head heart here

will you get it back together the same?
it's always too late to be asking

artists are always pushing at things
tugging at that one loose thread
so watch a world unravel
mix it up – the sharp and the smooth

always an idiom edge
where we go
can't quite see who it was before, where
but if you're up a tree
there's sure to be a view

câteva note despre metodă (varianta lungă)

când ai mers prea departe
(în poezie, în pictură, în viață)
cu un băț bont
cu o găleată de noroi

a venit timpul să privești în interior
să înțelegi cum merge un lucru
demontează-l ca să vezi
așază toate piesele pe masa de lucru
aplică mintea inima aici

vei reuși să-l pui la loc la fel cum a fost?
este mereu prea târziu ca să întrebi asta

artiștii împing mereu granițele
trăgând de firul acela deznodat
ca să vadă cum se destramă lumea
amestecă – cele ascuțite cu cele netede

mereu o muchie de idiom
unde mergem
nu prea putem vedea cine a fost acolo înaintea noastră, unde
dar dacă ești în pom
cu siguranță că vei avea o priveliște

if you're in a hole
then someone must have dug it

I think that they've put these words in my mouth
I don't remember them before

you might well enquire –
do I have enough rope (?)
there's very little here that goes without saying
truth after truth falls by the way
but new ones pop up fast
and wise to surprise
still instinct guides

here in the art which is my life
follow a rule until it's broken
when you've gone too far
go on

just for example
because of a hunch
tip toes now
peering up over
the top of the wall

when you've gone too far
go further
when you've gone too far
go on

126   some notes concerning the method (expansion)

dacă eşti într-o groapă
rezultă că cineva trebuie să o fi săpat

gândesc că au pus aceste cuvinte în gura mea
nu mi le amintesc să fi fost acolo înainte

eşti îndreptăţit să întrebi
am destulă frânghie (?)
e foarte puţin aici care să nu fie vădit
adevăr după adevăr cad din cărare
dar unele noi se ridică repede
şi înţelept pentru a surprinde
rămâne totuşi instinctul care ghidează

aici în arta care este viaţa mea
urmează o regulă până este încălcată
când ai mers prea departe
continuă

doar aşa ca exemplu
numai pentru că o intuiţie
se furişează tiptil
privind peste
coama zidului

când ai ajuns prea departe
mergi mai departe
când ai ajuns prea departe
continuă

after Ruan Ji
on immortality

six dragons
in a cloud car
done for speeding
overcrowding
the driver was over
the elixir limit
sentenced to even more immortality
all the culprits could say was
"we just wanted to get away"

după Ruan Ji
despre nemurire

şase balauri
într-un car de nori
oprit pentru depăşire de viteză
supra aglomerare
şoferul era peste
limita de elixir
condamnat la şi mai multă nemurire
tot ce vinovaţii puteau spune era
„am vrut doar ca să scăpăm de aici"

death

is when things stay where they are
or go on their way

you're the one mislaid

the hat, the doorknob
pathetic
without the hand, the head

can anything be done?

all kinds of theories
don't get off the ground

Pascal may have lost that wager
but that makes him less of a fool
than a sportsman

Voltaire got it right
let's work and not argue –
it's the only way
troubles of life may be borne

or let me make it simpler for you
the ant knows nothing sweeter
than the scent of its own trail

moartea

este când lucrurile rămân la fel
sau pleacă pe drumul lor

tu eşti cel pierdut

pălăria, mânerul sferic al uşii
jalnice
fără mână, fără cap

se poate face ceva?

tot felul de teorii
ce rămân neaplicate

Pascal a pierdut poate acel pariu
dar aceasta-l face mai puţin idiot
decât un sportiv

Voltaire avea dreptate
hai să muncim şi să nu ne certăm
este singura cale
prin care putem îndura problemele vieţii

sau hai să simplific lucrurile pentru tine
furnica nu cunoaşte nimic mai dulce
decât aroma propriei căi

four haiku

the sun comes back
the bees arrive
everyone's flowering now

the fire's remains
the woods and grazing
last of the dry leaves

high wire kookaburra
meal in mouth
well done I say, well done

fire and pond
dark gathering the homestead in
which bird will speak last?

patru haiku

soarele revine
albinele sosesc
toată lumea-nflorește acum

rămășițele focului
pădurile și pășunile
ultimele frunze uscate

kookaburra[3] pe o sârmă înaltă
cu hrana în gură
bravo-i zic, bravo

foc și lac
întunericul adunându-se peste gospodărie în
care pasărea va grăi ultima?

---

[3] **kookaburra** (dacelo halcyoninae) – pasăre nativă endemică Australiei

walk into the paint – be lost

I was working
knee high in dream deeps
folded in the untold

I was toiling past all chores
into the tune

if I was whistling
it was work
this was all
my standstill

it's by virtue of enthusiasm
orchestras lift themselves into air
they keep it up
keep higher and higher
till what they breathe's pure music

one goes through the infinite
and it takes eternity
to get the garden of stars
down to earth

calcă în vopsea – fii pierdut

lucram
în vise adâncit până la genunchi
împăturite în cele nespuse

trudeam dincolo de toate îndatoririle
în melodie

dacă fluieram
era muncă
asta era toată
oprirea mea

datorită entuziasmului
orchestrele se ridică în aer
se țin acolo
mai sus și mai sus
până când respiră muzica pură

poți merge prin infinit
și îți va lua o veșnicie
ca să cobori grădina stelelor
pe pământ

not waving but drowning

when the nation thinks of me
what fondnesses kick in
our childhood together
the dead in their subterranean marches

how far I've come
and where will I venture?

reminds me of the rise and rise
this one long day we've spent
following the penny and the kangaroo
like a hoop over hills away

in a far lit kitchen
decades gone
with bread in its yearning
to pass through us
in its golden wheat wish
to wave once again

nu fac cu mâna ci mă înec

când naţiunea se gândeşte la mine
ce simţăminte de afecţiune trezesc
copilăriile noastre împreună
pe morţi în marşurile lor subterane

cât de departe am ajuns
şi unde mă voi aventura?

asta-mi aminteşte de înălţări şi înălţări
ale zilei acesteia lungi petrecută
urmărind un penny şi un cangur
precum un cerc peste dealurile îndepărtate

într-o bucătărie luminată îndepărtat
au trecut decade
cu pâinea în dorinţa ei
de a trece prin noi
în visul ei de grâu aurit
ca să ne facă cu mâna încă odată

I dreamt

I went to school with no pants on
I drove from the back seat
I fell down the famous cliff of forever
I couldn't kick the ball
wore a wig – it came off at the party
then I was black cloth judge
I grew a beard where you don't
no teeth! then I had them again, too many!
there was a rhyme I was chasing
and I was up a tree
and a cat and a dog and some new kind of possum
all of them were coming on
there was a tune I was following
and something I had to write down
the war was all around us
the key was the thing in my hand but I lost it
I dreamt up deity instead
in parliament in my pyjamas
no, I think they were yours
you let go – I was hot
the house was where I'd never been
and yet it was my home
a vast sea lost
hook lowered down to rescue
vanishing as air

am visat

m-am dus la şcoală fără pantaloni pe mine
am condus maşina de pe bancheta din spate
am căzut de pe faimoasa creastă a lui pentru totdeauna
n-am putut să lovesc mingea
am purtat perucă – mi-a căzut la petrecere
apoi am fost judecător îmbrăcat în negru
mi-a crescut o barbă unde ţie nu-ţi creşte
fără dinţi! apoi i-am avut din nou, prea mulţi!
alergam după o rimă
şi am ajuns în pom
şi o pisică şi un câine şi un fel de oposum
toate veneau
era o melodie pe care-o urmăream
şi ceva ce trebuia să scriu
războiul ne înconjura
cheia era lucrul din mâna mea dar am pierdut-o
am visat însă o zeitate
în parlament în pijamalele mele
nu, cred că erau ale tale
tu ai renunţat – eu eram încins
casa era locul unde nu fusesem niciodată
şi totuşi era casa mea
o mare vastă pierdută
cârlig coborât ca să salveze
dispărând precum aerul

a pill for sunlight
and there might be stars

I die
and they tear me to pieces
it happens word by word

I woke to the all-forgetting world
so sane, so hale, so whole

o pastilă pentru lumina soarelui
şi s-ar putea să fie stele

eu mor
şi ei mă rup în bucăţi
se petrece cuvânt cu cuvânt

m-am trezit în lumea care uită tot
atât de raţional, atât de constrângător, atât de complet

a bridge

a bridge led off
across the sea

no one had ever thought to float
or stand upon the water

to this day the bridge goes on

ever more hazardous
finding bottom for pylons

now beyond all sight of land
and what if there's no going home?
what if it's too far for feet
for wheels?

one day the bridge may wash away

before that comes
will we have learned
if there is another shore
or if this world is round?

un pod

un pod conducând
peste mare

nimeni nu s-a gândit să-l plutească
sau să-l aşeze pe apă

podul continuă până-n ziua de azi

chiar mai periculos
este să găseşti sfârşitul pilonilor

care-s acum dincolo de privire şi pământ
şi ce se întâmplă dacă nu mai există întoarcere acasă?
ce facem dacă-i prea departe pentru picioare
pentru roţi?

într-o zi podul va fi luat de ape

înainte de asta
vom fi aflat
dacă există un alt ţărm
sau dacă lumea asta e rotundă?

the poet with the giant's wings

see how much trouble she has
just getting in the door?

ah, but people can't see it really, can they?

who can tell the most beautiful lie?

the poet's work is to wake the world
with the tune left by last light

it is for her to unfurl leaves
reach green up for the sky

also to set the snoring
down on paper
where the sleepers will hear it best

they are dreaming
the seas of longing between
ports of the waking world

poetul cu aripi de gigant

vezi ce probleme are ea
doar ca să poată intra?

ah, dar oamenii nu pot veda asta, nu-i aşa?

cine poate spune cea mai frumoasă minciună?

munca poetului este pentru a trezi lumea
cu melodia rămasă de la ultima lumină

ea trebuie să desfăşoare frunzele
ridicând verdele înspre ceruri

de asemenea să aştearnă sforăitura
pe pagină
unde adormiţii o vor auzi cel mai bine

visează
mările de dorinţe între
porturile unei lumi ce se trezeşte

a museum of corruption

as a government might go missing
(and perhaps there are many such)
still draw down the funds that it needs

so traffic grows over the monuments here

a throw of the dice is preserved
along with the moment where dignity lost
we'd never know
all anecdotes vicarious
and proofs apocryphal to quote

at the other end of the beach
there's an old man in uniform
no one can tell whose
he's running the shredder full bore
feeding in maps and pictures and money

it's good money
and there's sand coming out
yards of canvas
sea itself

cupidity's altar
is green with spite

un muzeu al corupției

când un guvern se pierde
(și poate că sunt multe de acest fel)
își trage totuși fondurile de care are nevoie

așa că traficul crește peste monumente aici

se păstrează oare o aruncare a zarurilor
împreună cu un moment de demnitate pierdută
asta nu vom ști niciodată
toate povestirile sunt la mâna a doua
iar dovezile citate, niște apocrife

la celălalt capăt al plajei
e un bătrân în uniformă
nimeni nu știe a cui este uniforma
el lucrează asiduu la mărunțitor
băgând în el hărți, fotografii și bani

intră bani buni
și iese nisip pe partea cealaltă
metri de pânză
marea însăși

altarul lăcomiei
e verde de ciudă

think of this a little chimney
where our planet burns

dark thoughts forbidden in these prosperous times
downturn's to show how we're out of the woods

the emperor's new clothes
are most of the show

each star remains as fixed to its night
the walls are as blank as snow

închipuie-ţi asta ca pe un mic coş
prin care planeta noastră arde

gânduri negre interzise în aceste vremuri prospere
recesiuni care arată cum să ieşim din impas

noile haine ale împăratului
formează principalul act al spectacolului

fiecare stea rămâne fixată pe noaptea ei
zidurile sunt albe ca zăpada

ancestor worship

people smelt bad in the old times
they had bad teeth, they were stupid mainly
everything was ill fitting
so they fell about in sacks
their habits were appalling
no wonder they didn't live long

o they suffered much
but so much of it was self-inflicted
and they inflicted their world on us
of course they didn't know any better
they were so clumsy they broke
almost everything that they touched
they were were like clowns
before anyone had thought of a circus

imagine them in bed
generation after generation
like your parents doing it
but much worse
infinitely older uglier
o how ungainly
this getting a leg over
the dipping of the wilting wick

and that is why we worship them
because we're here
we are here!

închinarea la străbuni

în trecut oamenii miroseau urât
aveau dinții stricați, erau în general proști
nimic nu li se potrivea
ca atare cădeau doldora ici și colo
obiceiurile lor erau îngrozitoare
nu e de mirare că nu trăiau mult

o! sufereau mult
dar mare parte era autoprovocat
și ei ne-au expus lumii lor
bineînțeles că nu știau mai mult
erau atât de neîndemânatici că spărgeau
aproape tot ce atingeau
erau ca un fel de clovni
dinainte ca cineva să-și fi imaginat vreun circ

imaginați-vi-i într-un pat
generație după generație
cum făceau părinții noștri
dar mult mai rău
cu mult mai bătrâni și mai urâți
o! cât de dizgrațioasă
această crăcănare a piciorului
și cufundare a fitilului ofilit

și de aceea ne închinăm lor
pentru că noi suntem aici
suntem aici!

there are no muses

behold the fled mountain
exiles are us

you look into yourself
it's a long way down
eyes left eyes right
the traffic's in you
that wild beast nature
peering out
the clear blue
in which you go
further each time

nu există muze

priveşte munţii părăsiţi
exilaţii suntem noi

priveşte în tine însuţi
distanţa până jos e lungă
ochi în stânga ochi în dreapta
traficul este în tine
acea natură de fiară sălbatică
privind în afară
albastrul cel clar
în care intri
mai departe cu fiecare pas

step through

then light
takes the mirror apart
and days fall in
like a road
through rolling hills
gone green
gone grey
gone dark

pășește prin...

apoi lumina
demontează oglinda
și zilele cad înăuntru
ca un drum
printre dealurile
ce s-au făcut verzi
ce s-au făcut gri
ce s-au întunecat

Sputnik 2

or

woof

Laika the dog
was the first earthly creature in space
and her spirit's still up there
dancing in the empyrean

Laika leading us
by her simple bark
so the honour went to a dog
best friend went first

to test the void
big dumb canary
one great coal seam out there

and so
pathos of stars

Sputnik 2

sau

ham!

căţeaua Laika
a fost prima creatură pământeană în spaţiu
iar spiritul ei este încă acolo
dansând în cerul cel mai înalt, cosmic

Laika ne-a condus
prin simplul ei lătrat
aşa că onoarea aparţine câinelui
prietenul cel mai bun a mers primul

ca să testeze golul
ca un mare canar prost
care caută o răsuflare a gazelor de mină

şi astfel
patosul stelelor

he decides to start a religion

I have perfected the art of falling up
it's taken me till now
this is the kind of thing angels applaud

stockinged feet, cap to match
I have practised my juggle
and the sideways somersault

and so it is with no little suspense
see me now step up onto the window sill
I won't tell you how many floors high

I lick a finger
to test the wind
and so I lead the way

el decide să inventeze o religie

am rafinat arta de a cădea în sus
mi-a luat până acum
acesta este un lucru aplaudat de îngeri

picioare înciorăpite, căciulă pe măsură
am practicat această jonglerie
precum dumba într-o parte

aşa că nu cu puţină trepidaţie
iată-mă cum mă sui pe pervazul ferestrei
nu vă voi spune la al câtelea etaj

îmi ling un deget
ca să testez vântul
şi astfel preiau conducerea

everyone has orders to follow

one of the guards is in charge of the lock
another keeps the key
one sharpens the implements of torture
one measures up for the simple box
another will spade the earth in

none of these men has a name
and in the morning
each of them shaves
with a similar razor
until the face is gone

cu toții avem ordine de urmat

unul dintre gardieni are responsabilitatea lacătului
altul ține cheia
unul ascute instrumentele de tortură
altul ia măsurătorile unei cutii simple
pe care un altul o va săpa în pământ

niciunul dintre acești oameni nu are nume
iar dimineața
fiecare se rade
cu o lamă similară
până când dispare fața

abhor servility Marx told his daughters

the snow again
and the dead prayers in it

lips rust
the street stands
locked in its gossip

no grave to dig
no heights implore

the truth won't set you free
it's a blade cuts through
disguises, secrets

the truth is a priest hole
fox down diving

a bullet takes it out

here comes a policeman
to move me along

urâți servilismul, Marx a spus fiicelor lui

zăpada iarăși
și în ea rugile moarte

buzele ruginesc
străzile rămân
încuiate în bârfă

nu există mormânt de săpat
nici înălțimi de implorat

adevărul nu te va face liber
lama lui taie prin
deghizări, secrete

adevărul este scorbura preotului
prin care vulpea dispare

un glonț o doboară

iată că vine un polițist
ca să mă facă să trec mai departe

inspiration comes to the poet

some words bark
and others bellow
some slink in whispers
round your head
some can't get
out of bed
but they wake you up
in the morning

inspirația vine la poet

unele cuvinte latră
iar altele zbiară
unele alunecă în șoptiri
în jurul capului tău
unele nu se pot scula
din pat
dar ele te trezesc pe tine
dimineața

prostitute's song

they come to me dying
but still raise a flag
sing for the blood
still bay

each has a treasure map
shows certain coasts
mountains, rivers
tribes lost

they're each of them
drilling for something precious
they bring the fountain
to my youth
so long
so far away

every jack man of them
every john
intrepid enough
to believe himself
the world's first
and only explorer

cântecul prostituatei

ei vin la mine pe moarte
dar ridică totuși steagul
cântă după sânge
sunt încă însetați

fiecare are o hartă a comorii
care arată anumite zone de coastă
munți, râuri
triburi pierdute

fiecare dintre ei
sapă după ceva prețios
ei aduc fântâna
tinereții mele
atât de departe
atât de departe

fiecare gheorghe dintre ei
fiecare ion
cu destulă inițiativă
crede despre sine
că e primul explorator al lumii
că e singurul explorator

o rapture

a little parody

God
steps out of the book
down from the big sky screen
just a little tut tut
and he takes your hand
now you know
that all those rumours
were right – this is the way
the ancients had a good hunch

he's leading us to paradise
over the gate – *arbeit macht frei*

it's the cold sweat that wakes you

un extaz
o mică parodie

Dumnezeu
pășește afară din carte
jos din marele ecran al cerului
doar un mic ți ți
și el te ia de mână
acum știi că
toate acele zvonuri
au fost corecte – aceasta este calea
cei din vechime au bănuit bine

el ne conduce către paradis
dincolo de poartă – *arbeit macht frei*

este transpirația rece care te trezește

a wake for all nations

we'll get so drunk
we'll forget who we are

it's true we will be full of nostalgia
that time must be far off
you'll need imagination for this work –
to think of these as those days
but we must make a start!

so today let's drink
to the death of all nations
to the evaporation of borders
to the crumbling of empires
new and old
in heart and head
and all their weaponry
all their persuasion
of flags and songs

let all of them
be gone without saying
relics of the past
we're much better beyond

o veghe pentru toate națiunile

ne vom îmbăta atât de tare
că vom uita cine suntem

e adevărat că ne vom umple de nostalgie
acel timp trebuie că e foarte departe
vom avea nevoie de imaginație pentru asta –
ca să gândim că acestea sunt acele zile
dar trebuie să începem de undeva!

așa că azi să bem
pentru moartea tuturor națiunilor
pentru evaporarea tuturor granițelor
pentru sfărâmarea tuturor imperiilor
noi și vechi
în inimă și în cap
și pentru toate armele lor
toată convingerea
din stindarde și imnuri

fie ca ele toate
să dispară în mod natural
relicve ale trecutului
va fi mult mai bine de noi dincolo

let's drink
as if we were
simply people

free creatures of a world
given and made
ours, everyone's
let's drink
as if
we were
free

să bem
ca şi cum am fi
doar oameni

creaturi libere într-o lume
dată şi făcută
pentru noi, pentru toţi
să bem
ca şi cum
am fi
liberi

oneiric

the world that's dreamt
absents the dreamer
time's on credit there
and all the known things
are forsaken
in favour of that faithful leap
into the too well known

oniric

lumea care este visată
absentează visătorul
timpul are credit acolo
și toate lucrurile cunoscute
sunt uitate
în favoarea acelui salt al credinței
în ceea ce este prea bine cunoscut

parachute please

we have all fallen
out of the one womb
some say we were pushed
fell for – took that one false step
however it was how this began
top to bottom
chin up
still free falling down
one must believe
there's a long way yet
few can even hear the wind
but all see the world
from far to near
rushing faster and faster
every day more of it
more of us tumbling
like life before your eyes
familiar
the ants take on habits you know
but no one's quite been here before
beneath us
looming like fact
a centre of gravity –
Earth, for instance
some claim at the last
there'll be arms to catch
but this cannot be known

parașuta vă rog

cu toții am căzut
dintr-un singur pântece
unii spun că am fost împinși
am fost seduși
am făcut un pas greșit
totuși așa a început
de sus până jos
curaj
suntem încă în cădere liberă
și se pare că mai avem mult de căzut
puțini sunt cei ce aud vântul
dar toți văd lumea
de departe și de aproape
grăbindu-se spre noi din ce în ce mai repede
în fiecare zi mai multă din ea
mai mulți din noi rostogolindu-ne
precum viața pe dinaintea ochilor
familiară
furnicile învață obiceiuri pe care le cunoaștem
dar nimeni nu a fost încă pe acolo
sub noi
amenințător ca faptul
un centru al gravitației
Pământul, de exemplu
unii susțin că la sfârșit
vor exista brațe de care să te apuci
dar acest lucru nu poate fi știut

a ghostly clatter

no work for the horses
they idle in bars now
raise amber in the hoof nostalgic
boasting of loads lost, delivered
wheels that got away

head home
and a sigh for the days to come
for the kingdom
where skies are spread
with dung

un zăngănit fantomatic

nu e nimic de lucru pentru cai
stau degeaba prin baruri acum
ridică bere în copită nostalgic
lăudându-se cu poveri pierdute, livrate
roți care s-au desprins

merg apoi acasă
și oftează după zilele care vor veni
pentru împărăția
unde cerurile sunt unse
cu balegă

hammering a nail

I am hammering a nail into the sun
sparks fly
I bend ten for every one I get true

I am hammering a nail
into the heart of the truth
this is the butterfly pin of knowledge

I am hammering a nail into myself
making the ultimate sacrifice
this is the cure for equivocation

I am hammering a nail
into thin air
that's the way
to pin it down

bătând un cui

bat un cui în soare
sar scântei
îndoi zece cuie pentru fiecare pe care-l nimeresc

bat un cui
în inima adevărului
este boldul fluturelui cunoașterii

bat un cui în mine însumi
făcând sacrificiul suprem
asta e vindecarea pentru echivoc

bat un cui
în aerul gol
acesta este felul
în care-l fixez

loving your country

no one can lift up this sun of cast iron
no one can crank up these stars we salute
but all stand now
while the old ox of nation
yoked to the great skin tongue certainties
draws us through the mud
which is allegorical
for the future
for the shape we're in

all hands on breasts
must not fidget
but we tear out our hearts
offer them up
to whatever gods watch

that's how it is to love your country
that's how patriots die

on the sidelines
scoundrels cheer themselves silly
they dive into deep pockets
if you call out their names

iubindu-ți țara

nimeni nu poate ridica acest soare de fontă
nimeni nu poate porni aceste stele pe care le salutăm
dar toți stau acum în picioare
în timp ce bătrânul taur al națiunii
înjugat la marea limbă de piele a certitudinii
ne trage prin noroi
care este alegoric
pentru viitor
pentru starea în care suntem

toate mâinile pe piept
nu trebui să ne foim
dar ne smulgem inimile
le oferim drept ofrandă
oricăror zei care ne privesc

așa este să îți iubești țara
așa mor patrioții

pe linia de margine
pungașii se aplaudă pe ei înșiși ca proștii
se scufundă în buzunarele lor adânci
dacă-i chemi pe nume

the poet's apotheosis in words

to be read
to be remembered
to be known by heart

reeled off
spat from a press
to star on a screen
(any size)

to be run hot
soul bared
relieved of thought's duties
the truth and nothing but now

to be
just these words here

spoken back to life
even if only under the breath

to stick in a head
as often unanswered
leading the witness far

like a garden
of the inevitable

that's what I live for

apoteoza poetului în cuvinte

să fii citit
să se amintească de tine
să fii știut pe dinafară

recitat repede
scuipat din tipografii
să fi stea pe ecran
(de orice mărime)

să fii fierbinte
cu sufletul dezgolit
eliberat de datoriile gândurilor
de adevăr și de nimic altceva decât acum

să fii
doar aceste cuvinte de aici

rostite înapoi în viață
chiar dacă doar pe șoptite

să intri în vreun cap
adesea fără răspuns
conducând martorii departe

ca o grădină
a inevitabilului

pentru asta trăiesc

on seeking immortality

to understand the nature of life
is to stand on the threshold
shake the dice, toss a coin

the basic rule is indifference
you must steel yourself
against everything worldly

those who seek the elixir
may kid themselves
but what they are eating is food

how to get past all puzzles, temptations
just ride a phoenix to the Kunlun Mountains
ask any phoenix – they all know the way

despre căutarea nemuririi

a înțelege natura vieții
este a sta pe prag
a arunca zarurile, a arunca moneda

regula de bază este indiferența
trebuie să te înarmezi
împotriva oricărui lucru lumesc

aceia care caută elixirul
se înșală
dar ceea ce mănâncă este hrană

cum să treci de toate întrebările, ispitele
călărește doar un Phoenix către Munții Kunlun
întreabă orice Phoenix – toate știu drumul

the travelling son

tiger lilies have overgrown
the front stairs, the gate
against which parents lean
seeing neither gate nor stair
but all the world's wide corners

fiul călător

crinii au crescut prea mult
pe scara de intrare, la poarta
pe care se sprijină părinţii
care nu văd nici poarta nici scara
ci toate colţurile îndepărtate ale lumii

valiant general

planning to slaughter the residents in Town X
you won't see any signs of fury in his face

he beats the drum, never signals retreat
his sword glints under the moon
he never takes any steps to dull it

cunning brave troops he dispatches
heroism, theatre of war –
strategies hidden deep in his heart

Town X is west
when the corpses are piled there
there'll be widows to make in the north

viteazul general

plănuind să măcelărească locuitorii din Oraşul X
nu vei vedea urme de mânie pe faţa lui

el bate toba, nu dă niciodată semnalul de retragere
sabia lui luceşte sub lumina lunii
nu face nimic ca să-i ştirbească strălucirea

trupe brave şi viclene el trimite
eroism, teatrul războiului
strategii ascunse adânc în inima lui

Oraşul X este la vest
când se vor aduna cadavrele acolo
vor mai fi văduve de făcut la nord

three poems after Meng Jiao
abandoned wife

the mirror in heart
polished bronze
is broken

thread of the lotus seed
roots in the heart
though that silk is cut
still some threads will hold

who could have known
the driver would turn over his cart?

how can a wife live beneath a new sky?
listen to the speech of the crane
lay hands above the silent strings

trei poeme după Meng Jiao
nevasta abandonată

oglinda în inimă
bronz lustruit
e spartă

fire de seminţe de lotus
rădăcini în inimă
cu toate că mătasea e tăiată
totuşi unele fire rămân agăţate

cine ar fi putut şti
că birjarul va răsturna căruţa

cum poate o nevastă să trăiască sub un cer nou?
ascultă la cuvântarea berzei
pune mâinile pe corzile tăcute

on female virtue

imagine a woman
with womanly virtues

see with what grace
the couple
under the phoenix tree
age unto death –
a couple of mandarin ducks

the good wife
with husband all through life
a suffering divinity
(though on a lower perch)
she doesn't fall in love
with any others

her heart as still as well water
gurgle gurgle gone

despre virtutea feminină

imaginează-ți o femeie
cu virtuți femeiești

vezi cu câtă grație
cuplul
sub copacul phoenix
îmbătrânește spre moarte –
un cuplu de rațe mandarine

nevasta cea bună
cu bărbat toată viața ei
divinitate torturată
(deși pe o treaptă mai jos)
ea nu se îndrăgostește
de alții

inima ei liniștită precum apa fântânii
clipocitul clipocitul s-a dus

poem of a woman weaver

husband was born in a village
I also born in a village

I married him
I work for him
tend the shuttle

though the weaving tires me
neither I nor the loom ever stop

we are beyond the window
dark indoors

make fine white silk
in dirty clothes

the emperor puts the message out
path to path among villages

"plant more white mulberries"
the edict

poem despre o femeie țesătoare

bărbatul s-a născut într-un sat
și eu m-am născut tot într-un sat

l-am luat de bărbat
lucrez pentru el
am grijă de suveică

deși țesutul mă obosește
nici eu nici războiul de țesut nu ne oprim

suntem după fereastră
înăuntru întuneric

facem mătase fină albă
în haine murdare

împăratul trimite vestea
potecă cu potecă printre sate

„plantați mai mulți duzi albi"
spune edictul

rat dreaming

a hungry rat runs past the bed
rats always run
they're always hungry
a rat dances towards the light
this is the rodent's joy
up on the roof
a howling wind
the night turned upside down
paper is torn
rain beats the walls through
think of the shutters grumbling

'life took me everywhere'
the old rat said
'now only my underbelly's still black
the rest is grey, I've snow white whiskers
once I dreamt I woke a man
I've long slept that nightmare off'

bedclothes too thin
see how I turn
the autumn gets inside me
for thousands of miles
these mountains the same

still thousands of years
to this night

șobolan visând

un șobolan flămând după pat
șobolanii fug mereu
sunt mereu flămânzi
un șobolan dansează spre lumină
asta este bucuria rozătorului
sus pe acoperiș
un vânt urlând
noaptea e întoarsă pe dos
hârtia este ruptă
ploaia bate prin pereți
gândește-te la obloanele care protestează

„viața m-a dus peste tot”
a spus șobolanul cel bătrân
„acum doar burta mi-a mai rămas neagră
restul este gri, am mustăți albe ca zăpada
odată am visat că m-am trezit om
demult am dormit cu coșmarul acesta”

lenjeria de pat prea subțire
uite cum mă întorc
toamna întră în mine
pentru o mie de mile
acești munți sunt la fel

încă o mie de ani
pentru această noapte

instructions for summer

dream fountains
under dappled light
oasis fruits
crisp cloth on table
better still clear water in glass
unbreakable shade

wake bathed
in the heat comes hammering still
till rain nails everything down

pray for a breeze
but not too hard

keep the bath
first thing it takes you from dreaming
reminds you to give gods thanks for the sea
it stems the heaviness of noontide
last cleanses you for night
that you might
dream fountains
still water
clear glass

instrucţiuni pentru vară

visezi fântâni
sub lumina blândă
fructe de oază
faţă de masă călcată
şi mai bine apă clară în pahar
umbră imposibil de spart

trezit îmbăiat
în căldură vine totuşi bătaia de ciocan
până când ploaia bate totul în cuie

roagă-te pentru o briză de vânt
dar nu prea tare

ţine baia
primul lucru pe care ţi-l ia este visarea
îţi aminteşte să mulţumeşti zeilor pentru mare
opreşte greutatea amiezii
apoi te curăţeşte pentru noapte
ca să poţi
să visezi fântâni
apă liniştită
sticlă limpede

benediction for summer

blessed be breeze
      and long cool draught
blessed be waves and salt
      sweat's mock tides
blessed be ice and cavern and aircon
blessed be rock with its anchor below
blessed be the idea of beer
the picture of ice berg
the map of Antarctica
silence of snow

binecuvântare pentru vară

binecuvântată să fie briza
        şi lunga secetă rece
binecuvântate să fie valurile şi sarea
        mareele false ale transpiraţiei
binecuvântate fie gheaţa şi grota şi aerul condiţionat
binecuvântate fie roca şi ancora de dedesubt
binecuvântată fie ideea de bere
fotografia unui iceberg
harta Antarcticii
tăcerea zăpezii

dog walkers

their tongues are out
and pink

how they would love
to show us
their leavings

plimbătorii de câini

limbile le atârnă afară
şi roze

şi cum ar dori
să ne arate
plecările lor

autumn-mindedness

make the head empty
and trouble runs out
rain does, seas do
leaves fall through
be dry, be warm, be all indoors
be chimney – tell your smoke
touch the day gently
and so present to
what's wordless in it
make your mind that way
be empty –
all great ideas
must yellow to gone
autumn is a hollowing
be leaf – last to fall
have a head of song
as for instance
imagine yourself
never touching at all
that's flight
that's insect, bird
and angel business

it's all the one breath
so many tunes
so much distance I'm thrown from
make the heart empty
be whole

perspectiva toamnei

goleşte-ţi capul
şi problemele vor fugi
ploile fac asta, precum şi mările
frunzele cad prin el
fii uscat, fii cald, fii cu totul înăuntru
fii coş – spune-ţi fumul
atinge ziua cu blândeţe
şi astfel – prezentă
ceea ce fără cuvinte în ea
hotărăşte-te în acest fel
fii gol –
marile idei
trebuie ca galbenul să dispară
toamna scobeşte
fii frunză – ultima care cade
să ai un cap de cântec
precum de exemplu
să te imaginezi
niciodată atingându-l
acesta este zbor
aceasta este insectă, pasăre
şi treaba îngerului

totul este într-o singură respiraţie
atâtea melodii
atâta distanţă de la care sunt aruncat
goleşte-ţi inima
fii întreg

swimming through the storm

stroke after careful stroke
each arm rises over the billows

look up
for that one lost mark
like a finger pointing for you

the one word
like snow said
till it melts

the signature of lightning
before the applause

înotând în furtună

lovitură după lovitură
fiecare braţ se ridică deasupra talazurilor

priveşte în sus
să vezi singurul semn pierdut
ca un deget arătând spre tine

cuvântul acela
ca zăpada spus
până când se topeşte

semnătura fulgerului
înainte de aplauze

if I'm asleep

when the angry shouts come
when the first shots are fired
when the earth quakes
when the wave comes over
when comes the fatal knock on the door

when Pandora's box looses the whirlwind
when death is a certain thing like taxes
    and sins are unconfessed

think twice before you shake me
      wake me
from the better world

dacă sunt adormit

când vin strigătele de mânie
când se trag primele gloanțe
când pământul se cutremură
când valurile ne acoperă
când se aude în ușă bătaia fatală

când cutia Pandorei pierde vârtejul de vânt
când moartea este garantată precum impozitele
    și păcatele sunt nemărturisite

gândește-te bine până să mă smucești
        să mă trezești
din acea lume mai bună

written from a shadow

you're down
and all over this face most loved
I have to hang on to my hat
because isn't it always
your clouds are mine?
the weather's what
we have to share

sometimes there's really nothing to do
we fail at the thing
fail at just being
even at sleep sometimes
there's the daydream
still and all
look at this forest we've allowed
these trees under which
we're bound to grow smaller
I've brought the sun in a picnic basket
and see this blanket spread of fare
look at the dragonfly takes on the wind
for its share of air
and then there are two
and uselessly bright

it happens some days
that's how one has to be
just for the other
simply hanging in there

scrise din umbră

te găseşti jos
şi pe toată faţa asta cea mai iubită
trebuie să mă ţin bine
fiindcă nu-i aşa că întotdeauna
norii tăi sunt ai mei?
vremea este cea
pe care trebuie s-o împărtăşim

uneori nu mai e chiar nimic de făcut
eşuăm la ce trebuie făcut
eşuăm la a fi
chiar şi la somn uneori
aici e visarea cu ochii deschişi
totuşi şi toate
să privim la această pădure ce am permis
acestor copaci sub care
e inevitabil să ne micşorăm
am adus soarele într-un coş pentru picnic
şi iată pătura întinsă cu bunătăţile pe ea
priveşte libelula cum se ridică pe vânt
pentru porţia ei de aer
şi apoi sunt două
şi inutil de strălucitoare

se întâmplă în câte o zi
şi aşa trebuie să fim
doar unul pentru celălalt
pur şi simplu să fim

I love you

in a whitewashed room
with the heart of the sea to say

love
is work
we don't get to finish

a horse stands simply for the storm
salt in the mane

a cliff for bones
day breaks
as if this sky
were the one stone
fallen

this is the deep we feel
these are our thousand years

te iubesc

într-o cameră văruită
cu inima mării rămasă acolo

dragostea
este munca
pe care nu apucăm s-o încheiem

un cal stă simplu pentru furtună
cu sare în coama lui

o coastă stâncoasă pentru oase
dimineaţa vine
ca şi cum cerul
ar fi o singură piatră
căzută

acesta este adâncul pe care-l simţim
aceasta este mia noastră de ani

a Tantalus day for the poet

pick up a pen
and the poem
sinks down
deep into paper

look up for inspiration –
blank sky

o zi a lui Tantal pentru poet

pune mâna pe creion
iar poemul
se scufundă adânc
în hârtie

privește după inspirație –
cerul gol

run out of cheeks to turn

every morning
spit on your enemy
all through the day
make threats
curse the rascal
take no quarter
this way
you will always have one

nu mai am obraji de întors

în fiecare dimineață
scuipă pe dușmanul tău
toată ziua
amenință
blesteamă-l pe ticălos
nu te lăsa niciun pic
în acest fel
vei avea mereu un dușman

communing with the spirit of Sushi

spring river
laps boards
comes pounding the door
turns houses into river craft
all the world is mist

mountains above
rise with our breath
the brush and the ink
between us and death

a bell speaks
up in its tower
to clouds
of clouds
what else?

în dialog cu spiritul lui Sushi

râu de primăvară
se scurge pe scânduri
vine şi bate-n uşă
transformă casa într-o ambarcaţiune
toată lumea este o ceaţă

munţii de deasupra
se ridică cu respiraţia noastră
pensula şi cerneala
între noi şi moarte

clopotul vorbeşte
sus în turnul lui
norilor
despre nori
ce altceva?

laughter

tears at the lungs
there's no reason

it rends its victims
it stitches them up

look at them
doubled up with it

tripping over themselves
just for a punchline

and what can you do?
this is the cure to catch

râset

lacrimi la plămâni
nu există explicație

îşi sfâşie victimele
le coase apoi

priveşte-le
îndoite de el

împiedicându-se unele peste altele
doar pentru o poantă

şi ce poţi să faci?
asta-i vindecarea la modă

Han Shan's rat
in the rice steamer speaks

I live for the day!
who cares if I'm too full and fat
ever to climb out again

Șobolanul lui Han Shan
vorbește din fierbătorul de orez

să trăim pentru ziua de azi!
cui îi pasă că sunt prea sătul și prea gras
să nu mai pot niciodată să mă cațăr de aici

after Chu Guangxi

not to rouse the ducks
from their attentions
each for the other
I let the boat
glide silently
obeying
the weed stream's
will

după Chu Guangxi

să nu stârnesc rațele
din interesul ce-l poartă
una către cealaltă
las barca
să plutească tăcut
ascultând
de voia
pârâului buruienilor

drunk all day

to wish a way past death
to push past day

drink till ancestors are all forgotten
till saints and sages bed down to black night

then naked the forest through ramble
primitive of dusk

and morning –
my lamp for the ticks and the lice

song gone is forgotten
then never be sober, never again

to live in this world is to dream
why punish myself by working?

all this rushing to the sea
what is it a river thinks?
never inkling of home

damn the ancestors
flow with the wine
never be sober again

beat toată ziua

pentru a dori un drum dincolo de moarte
a te strădui peste zi

bea până uiţi de toţi străbunii
până când sfinţii şi înţelepţii se fac una cu noaptea neagră

apoi hoinăreşti gol prin pădurea
primitivă de asfinţit

iar dimineaţa –
lampa mea pentru căpuşe şi păduchi

cântecul dus este uitat
atunci să nu fii niciodată treaz, niciodată

a trăi în această lume înseamnă a visa
de ce să mă autopedepsesc prin muncă?

toată această grabă către mare
ce anume gândeşte un râu?
neavând idée despre acasă

blestemaţi fie străbunii
să curgă vinul
niciodată să nu mai fii treaz

I stop drinking

Then know that Nature bids thee go,
not I. – Herrick

it's no use drinking alone
where are the immortals now?
where are they when you need them?

inspiration?
even though alcohol makes you happy
life's short and there isn't the time to be sad
till lately I thought the work of the sages
useless no matter how right
drunk by the old familiar pine last night
I asked the tree just how
… drunk I mean, of course, I asked…
he helped me up, I pushed him away

condescending damn tree –
didn't think I could stand by myself
when I was the one holding up
if only nature were as natural as me
but I know that I have to give up the bottle
I knew it yesterday morning as well

what I write from now on
smells of the candle
of paper and ink
at least there'll be words
in the morning

încetez a mai bea

Atunci să știi că natura-ți zice să pleci,
nu eu. – Herrick

n-are sens să bei de unul singur
unde-s acum cei nemuritori?
unde sunt când ai nevoie de ei?

inspirația?
chiar dacă alcoolul te face fericit
viața-i scurtă și nu e timp să fii trist
până de curând am crezut că munca înțelepților
nefolositoare indiferent cât de corectă
beat aseară sub obișnuitul, vechiul, pin
am întrebat copacul cum anume
...beat, mă refer, bineînțeles, am întrebat...
el mă ajuta să mă ridic, eu îl împingeam de acolo

blestemat copac condescendent –
nu credea că mă pot ridica de unul singur
când eu eram cel ce mă susțineam
măcar dacă natura ar fi atât de naturală ca mine
dar știu că trebuie să renunț la sticlă
am știut asta și ieri dimineață

ceea ce scriu de acum înainte
miroase a lumânare
de hârtie și cerneală
cel puțin vor fi cuvinte
mâine dimineață

after Xue Tao

cold mountains
the moon has touched
both bone
both bare

like chimes
lost in dusk
far falls of the river

this ribbon of mist
the evening wears

după Xue Tao

munți reci
luna a atins
ambele oase
ambele goale

precum sunetul de clopoței
pierdut în înserare
cad departe de râu

banda de ceață
purtată de seară

the soldier's dream

I was fifteen when I went to the war

never built with my hands
never knew woman's love
I'd tilled the soil
in my half schooled way

now I'm an old man
eighty and more
never came home
till now in this dream

you cannot imagine a road so far
track by green riverbanks
goes along, willows catch
familiar breezes

years have gone
the village with them

now just dry stones
snake haunts
everything gone to seed

visul soldatului

aveam cincisprezece ani când am plecat la război

nu zidisem nimic cu mâinile
nu am cunoscut iubirea
doar aram pământul
educat pe jumătate

acum sunt un bătrân
de optzeci şi ceva
n-am revenit acasă
până la acest vis

nu-ţi poţi imagina un drum aşa departe
potecă pe ţărmul verde al râului
trece pe lângă sălcii ce prind
cunoscutele adieri de vânt

anii au trecut
cu ei şi satul

acum doar pietre uscate
adăposturi de şerpi
toate s-au destrămat

people I pass on the way
look right through me

I want to tell familiar faces
how I met the ancients
how wet through with tears
their clothes were
as if they'd been caught
without umbrellas

but they were
the sky themselves

all the way home
view clouded with
the ways I felt

if only I were a ghost
there should still be
tears for me

oamenii pe care-i întâlnesc
privesc prin mine

aş vrea să spun feţelor familiare
cum i-am întâlnit pe cei din vechime
cât de ude de lacrimi
erau hainele lor
ca şi cum i-ar fi prins ploaia
fără umbrele

dar ei erau
cerul însuşi

tot drumul spre casă
vederea-mi este înnourată
de simţiri

chiar dacă aş fi un duh
ar trebui totuşi să fie
lacrimi pentru mine

socialist idyll

peasants too
march with steadfast stride
into the noble future
as symbolized
by their toil

it's true
few of them
have learned to see it that way
and true none will survive

and so they prove
very little threat

in the café city
with the water views
we're all drunk
on their sweat

idilă socialistă

chiar şi ţăranii
mărşăluiesc în pas hotărât
prin viitorul nobil
simbolizat
de truda lor

e adevărat
unii dintre ei
au trebuit să fie învăţaţi să vadă asta
şi tot la fel de adevărat că niciunul nu va supravieţui

aşa că ei prezintă
foarte puţină ameninţare

în cafeneaua din oraş
cea cu vedere la apă
noi cu toţii suntem beţi
de sudoarea lor

unseen the hand touching up the sky

here comes the farmer from the old song
threadbare hours

bone and rind and crust and crumb

past the cliff's edge a plough floats
no hands
so the sky is tilled

upstairs they're testing mattress springs
to nail the coffins down

nevăzută e mâna ce retușează cerul

iată că vine fermierul din vechiul cântec
ore dezgolite

oase și coajă și crustă și firimitură

peste coama prăpastiei plutește un plug
fără mâini
astfel că cerul este arat

sus testează arcuri de saltele
pentru a bate cuie în coșciuge

travelling

it goes without saying
some of them do want
to rob you, trick you
trip you up
give you let and hindrance

some wonder what you want with them
to the few you are spectacular
to other nameless peering folk
perhaps you're to be pitied
why so far?
and
what have you done?
(if you're not guilty, why did you run?)

often we go without saying
suffice a silent nod for service

to most of them though
you are like
nothing passing from nowhere to nowhere
glimmering now here to be gone
just the way a ghost must do

călătorind

se înțelege de la sine
unii dintre ei vor ca să
te fure, să te înșele
să-ți pună piedici
și să te oprească

unii se întreabă ce vrei de la ei
pentru puțini dintre ei ești extraordinar
pentru alți oameni fără nume
poate că ești demn de compătimire
de ce așa departe
și
ce ai făcut?
(dacă ești nevinovat, de ce ai fugit?)

adesea nu zicem nimic
ajunge să apleci ușor capul drept mulțumire

pentru cei mai mulți
ești precum
nimic trecând de nicăieri spre nicăieri
lucind aici doar ca să dispari
așa cum trebuie să facă un duh

ataraxia

•

ataraxia

ataraxia

1
In a clearing, just of hours
the one patch hoped for, blue

we go round with a see-through moon
you go with me in a fold map mulched through

the place is water, spirit pointed in clouds
everything stands up from that

truth dips and perches
years fallow to it

there's landing in reflections
at times a stillness rounds

2
valley in the lines to spare

first to mud
then with the gloves, down where time is

nudge adjusting, mote in beam eyes
shielded, blade in hand it rings

one round chipping, one just squiz
with clippers then by gumboot

ataraxia

1
într-o dumbravă, doar pentru câteva ore
un petec dorit, albastru

ne plimbăm cu o lună transparentă
tu mergi cu mine într-o hartă împăturită macerată

locul este apă, duh ţintind în nori
totul se deosebeşte de asta

adevărul se apleacă şi se cocoaţă
anii se părăginesc în el

există o aterizare în reflecţie
uneori liniştea răsună

2
vale în liniile rămase

mai întâi în noroi
apoi cu mănuşile, acolo unde timpul este

înghiontit ajustând, fărâmat în rază
ochii acoperiţi, lama în mână sună

o repriză aşchiată, alta doar licărire
cu unghiera la cizma de cauciuc

3
from tuck of creek, sun
climbs out of thicket

patched with weft, to loose limbed ramble,
you go with me by accidents, as if

play of scale confounds
a tendril rise calligraphy

tangle of only up

4
look in
flower, vine lift heads

let lines run to a tune
glance sideways for the edgewise

having once brushed, join the dots
or else it's automatically

conjure for presence a thing half tended
like Mercator's firmament

it's all backyard – tilled, wilted with
what's missing, called as such

3
de la cuta pârâului, soarele
se ridică din tufiş

peticit cu ţesătură, ca să se plimbe relaxat,
tu mergi cu mine din întâmplări, ca şi cum

jocul la scară confundă
un lujer ridică caligrafia

încurcată doar în ridicare

4
priveşte înăuntru
floare, capete ridicate de viţă

lasă liniile să zboare după o melodie
priveşte într-o parte pentru o muchie

după ce ai periat odată, uneşte punctele
altfel rămâne automată

o invocare pentru prezenţa unui lucru făcut pe jumătate
precum firmamentul lui Mercator

totul este o grădină din spate – arată, ofilită cu
ceea ce lipseşte, definit astfel

5
come into summer
then slash and let it range until the haircut

do always easiest first, go once round blank
thought resistant... nothing to see if you don't look

for headlines, how the kettle calls
we who are deaf to doubt come wonder

fallen through autumn leads on to this
make tracks so you'll have been before

6
roofs are for falling, take your time
the way the twig bends to the breeze

all the definite articles − strange signs
as if I were foreshadowed

the place my pudding unexhausted
knock three times it's yours

all touched and hushed − just leave it

7
even and if not myself
no harm in tending one of those things

you get good at by doing
in the barrow's hands always waiting to hold

5
vino în vară
apoi taie și lasă să se înșiruie până la tuns

fă întotdeauna ce-i mai ușor, fă turul odată rezistent la lipsa
de gânduri... nu-i nimic de văzut dacă nu te uiți

după colontitluri, acum ne cheamă ibricul
pe noi ce suntem surzi la îndoială să ne minunăm

căzuți prin toamnă ne conduce la asta
lasă urme de poteci fiindcă vei fi trecut mai înainte

6
acoperișurile există pentru a cădea, nu te grăbi
felul în care ramura se îndoaie cu briza

toate articolele definite – semne stranii
ca și cum ar fi fost prezise

locul neobosit al budincii mele
bate de trei ori și e a ta

toată atinsă și tăcută – las-o

7
chiar și dacă nu eu însumi
nu-i nimic rău în a îngriji unul din aceste lucruri

devii bun la ceva făcându-l
de coarnele roabei așteptând mereu să te ții

destiny bright because it stutters, wants the phrase
it's hard to tell ruins from what's on the way

when we're the fauna in the window
in eyes most meaning – let's go there

amid the green, if stood like stars
in deaths of trees for distance

eternity where we are guessed
nor either is that centre

frogs who come from nothing
are singing just to be

8
this is the place by heart
let things themselves add up

with each round slower, day
revolves wonder of nothing just to
be still

sit for the country, landscape
dissolves fences soak into the soil

never saw the big sea coming, never knew the wind
real marvels are all sober waking, everyone knows that

destinul e strălucitor fiindcă se bâlbâie, vrea fraza
e greu să deosebești ruinele de ceea ce vezi pe drum

când noi suntem fauna de la fereastră
în ochi multă însemnătate – să mergem acolo

printre verzituri, dacă sunt așezate precum stelele
în morți de copaci pentru distanță

eternitatea unde noi am fost ghiciți
nici acela nu este centrul

broaștele care vin din nimic
cântă doar ca să fie

8
acest loc este știut pe dinafară
lasă lucrurile să se adune singure

cu fiecare rundă mai încet, ziua se învârte
se minunează din nimic doar că să
se oprească

așternut pentru țară, peisajul se dizolvă
garduri înmuiate în țărână

n-am văzut niciodată marea venind, n-am cunoscut vântul
minunății adevărate sunt liniștite treze, oricine știe asta

9
more of it letting than dwelt upon
meaning in which to persist

one has to believe in what can be done
day by day till it goes unnoticed so

you won't tell it's time
for everything as it comes grown in

like blade and fire gone to ground
I live in the land imagined

ceremony just goes on
we're sorry and we're glad we're here

constant in kindred, breath of
world else surplus to our now

10
in shoes and socks
the quiet noting, wise to do

or barefoot, have a mind to the breeze
cloud cone of insects – sparks eddy

a forest of rain by stages fallen
there's this someone who wants to kiss me thing

see olive drab, see mulberry tussling
adversity of tractor swipe

9
lăsăm mai mult să treacă decât ne ocupăm
adică în aceea ce persistăm

trebuie să crezi în ceea se poate fi realizat
zi după zi până devine neobservat aşa că

tu nu poţi spune că a venit timpul
pentru tot aşa cum vine crescut înăuntru

ca o lamă şi un foc ce au dispărut
trăiesc într-o ţară imaginată

ceremonia continuă doar
ne pare rău şi ne bucurăm că suntem aici

constant în cumetrie, respiraţia
lumii rămâne altfel surplus acum respiraţiei noastre

10
în pantofi şi şosete
cei tăcuţi observând, e înţelept să faci asta

sau în picioarele goale, să ai mintea spre briză
un con de nor al insectelor – scapără o vâltoare

o pădure de ploaie căzută în etape
acolo acest cineva care vrea să mă sărute

vezi un măslin mohorât, vezi dudul luptând
cu adversitatea loviturii tractorului

at possum's ladder up to night
where possum is long gone

11
see how rain is held to the tip
brushed with that light

and wet dog shake of it
the pick-up round, twigs sticks for fire

and little logs from happenstance
tempted to burn one's seat

(so mark winter's middle)
notice the coming-through-the-fence

in what's to burn the swamphens pile
instinctively for

things spring where they had to be
so quicken build from edges in

till the view's all furniture
ducks won't know what pond I am

12
then somewhere in the afternoon
you bump into the sun, excuse me

la scara oposumului sus în noapte
de unde oposumul a plecat de mult

11
vezi cum ploaia e ţinută la vârf
periată cu lumina aceea

şi scuturându-se de ea precum un câine
această ridicare, ramuri beţe pentru foc

şi mici buşteni din întâmplare
ispitit să-ţi arzi scaunul

(astfel însemnând mijlocul iernii)
observi intrarea-prin-gard

în ceea ce trebuie ars din grămada de găini de baltă
în mod instinctiv pentru

lucrurile ce răsar unde trebuie
aşa că grăbeşte zidirea dinspre margini înăuntru

până când vederea e toată mobilată
raţele nu vor şti în care lac mă aflu

12
apoi cândva după amiază
te întâlneşti cu soarele, scuze

it's that way golden, pumpkins patched
clock winding down has whispers yet

one must admit it lights a way
in whim a chase around

prank passing into memory
and not our own   so vanish

13
till you ferment
you'll see tail if

trickling top of the hat for a start
heard upstairs like typewriter keys

it's as if one had slipped under the wire
stayed this long while so that a voice took on

I'm so slight it all grows round
some turn to ache and others itch

here I am in flesh

14
one round to tug and then to tend
with hat, for zephyr treetops

arrange the work as to be solved
set about at a certain stage

este acel drum aurit oare, dovlecii peticiți
ceasul liniștindu-se șoptește totuși

trebuie să admitem că luminează un drum
într-un capriciu îl aleargă

glumă ce trece în amintire
și nu e a noastră ca s-o facem să dispară

13
până când fermentezi
vei vedea coada dacă

picură vârful pălăriei în primul rând
auzit sus pe scări precum o mașină de scris

e ca și cum cineva a scăpat pe sub sârmă
a rămas acolo până când o voce a început să se audă

sunt atât de slab că toate cresc în jurul meu
unele dor altele provoacă mâncărime

sunt aici în carne

14
o repriză de tras și alta de îngrijit
cu pălărie, pentru zefirul vârfurilor de copaci

aranjează munca pentru a fi rezolvată
organizată într-un anumit moment

you're armpits up in
privilege of the day

music concocted air and breath
of all the energy that ever was

that's how we see into beyond
art of everything breaks faith

to bring by the beautiful brink
and with it sink and swim

15
step out to the plan
be in the ever after

there's one more time around for luck
day lifts to mist, grass fades to fern

thud paws – call this the argument
five kinds of bird change tree

in the warmth of long since fires
nothing thing-at-a-time

16
our fault we let the light grow out
I won't remember here

none sweeter than of your own grown tree
a place like this is somewhere

cufundat până la subsuori în
privilegiul zilei

aer și respirație inventate de muzică
din toată energia ce-a existat vreodată

așa vedem partea de dincolo
arta a toate împarte credința

pentru a o aduce la marginea frumoasă
și cu ea să te scufunzi sau să înoți

15
ieși din plan
rămâi în nemurire

mai există o șansă pentru noroc
ziua se ridică în ceață, iarba se atenuează în ferigă

zgomot de labe – numește asta argument
cinci feluri de păsări schimbă copacul

în căldura vechilor focuri de demult
nimic nu-i un lucru la momentul potrivit

16
greșeala noastră că lăsăm lumina să se stingă
nu-mi voi aminti despre aici

nimic mai dulce decât copacul crescut de tine
un loc ca acesta există undeva

17
and sometimes in it forget who to be
whiff of the way till there

when you can't sleep it's with you
how is there an end at all

when the last moment's yours to inhabit?
(wings, wheels and welcome! Christmases!)

we're the one more truth to tell
it is good to have met in this place

18
morning then, where day's to do
something heavy duty has had snout at by shed

who's not against me's here recalled
let's take them standing in their sap

or when did the unseen arrive?
and how will we be smoke?

dew set in a shaft to catch
chatter piles on like leaves then

bush lemon high, and you
reach in under these diacritics

turn book upside down and see
the moon's touch taken for cloud

17
şi uneori în el uităm să fim
mirosind drumul până acolo

când nu poţi dormi este cu tine
cum oare există un sfârşit pentru toate

când ultimul moment este al tău să-l ocupi?
(bani, bocanci şi bunvenit! Crăciunuri!)

cu toţii suntem încă un adevăr de spus
e bine că ne-am întâlnit aici

18
atunci dimineaţă, unde ziua trebuie să facă
ceva rezistent a râmat pe după magazie

cine nu este rechemat aici împotriva mea
hai să-i luam aşa cum stau în seva lor

sau când oare au venit cei nevăzuţi?
şi cum vom fi fumaţi

rouă aşezată într-un puţ spre a fi prinsă
sporovăială ce se adună precum frunzele

tufiş de lămâi înalt, şi tu îl ajungi
pe sub acele diacritice

întoarce cartea invers şi vezi
atingerea lunii a fost luată drept nor

this sky's many fronded
get a wash for free

19
proud to have grown a bit of
forest in time that was quite spare

country welcomes where we have
             been and eaten alive

indoors ants think rain who'll argue?
illusions amount to civilization

20
one way and another
all who were dreamt plead to

just this glimpse the all-we-have
you feel like living forever

where we go out in the garden

cerul acesta este multi-înfrunzit
ia o spălătură pe gratis

19
mândru de a fi crescut ceva pădure
în timpul ce era foarte liber

țara zice bun venit de pe unde am
        fost mâncați de vii

furnici în casă gândesc ploaia cine le va contrazice?
iluziile formează civilizația

20
într-un fel sau altul
toți cei ce au fost visați s-au rugat pentru asta

doar această licărire a tot-ce-avem
te simți ca și cum ai trăi pentru totdeauna

atunci când mergem afară în grădină

keep this book

•

păstrează cartea asta

little boat

be sea inside

the bay is walled
as high as heaven

little boat be blessed

barcă mică

să fii mare pe dinăuntru

golful este îndiguit
până la cer

barcă mică fii binecuvântată

as many words

as clouds
to this day
best blue

atâtea cuvinte

precum norii
până azi
cel mai bun albastru

all lines a mantra

till they're down
till ink sets their forgetting

all works a draft
until we're gone

toate liniile o mantra

până când cad
până când cerneala se aşterne pe uitarea lor

toată munca este o schiţă
până când ne ducem

leaving this world

is a figure of speech
unless you are thinking
of being launched into space
or of how the dust blows
right round top to bottom
and finally – does
the atmosphere
give off like dead skin shed?

not really… dust from the beginning
is still dropping in

the Earth is only lighter
because the squeaky voice gas goes

I'm not sure but I have a feeling
mostly we sink deep
deep down and deeper
we're stone in the end

the world never leaves us
and in the end
speech no longer figures

părăsind această lume

este o metaforă
afară de faptul că te gândești
că vei fi lansat în spaţiu
sau cum praful este suflat
de jur împrejur şi de sus în jos
şi în final – se decojeşte
atmosfera
precum pielea moartă?

nu e chiar aşa… praful începutului
cade încă

Pământul este mai uşor
pentru că vocea piţigăiată de gaz zice

nu sunt sigur dar am un simţământ
că de cele mai multe ori ne scufundăm adânc
adânc în jos şi mai adânc
la sfârşit suntem piatră

lumea nu ne părăseşte niciodată
şi la sfârşit
vorbirea nu mai are sens

blessing

may stars go round
(with a breeze, when wished)
air clear and clean as love

may the currents
which find you
bring you timely
home or wherever
you'd want

may the tree
grow pages
of glamour
for fruit

may sky
stand in
for revelation
and may the truth
fall to you

may the poem speak
its wise surprise
may you wake
among the wonders
you've dreamt
and with thanks
in your heart

binecuvântare

fie ca stelele să se învârtă
(cu o briză, când asta se dorește)
aerul clar și curat precum iubirea

curenții
care te găsesc
fie ca ei să te aducă la timp
acasă sau oriunde
vei voi

copacul acesta
fie ca el să crească pagini
de vedetă
drept fruct

fie ca cerul
să se oprească
pentru revelație
și fie ca adevărul
să se îndrăgostească de tine

fie ca poemul să-ți grăiască
surpriza lui înțeleaptă
fie ca să te trezești
printre minunățiile
pe care le-ai visat
și cu mulțumire
în inima ta

I swim

through the mud
of the mirror
and often haul out
a breathless fellow
collapsed in his impersonation
failing to meet my measure

înot

prin noroiul
oglinzii
şi adesea trăgând afară
un individ care abia respiră
colapsat în impostura lui
necorespunzător cu măsurile mele

keep this book

better than sutras
no need to chant
or strike a gong
just hang it on a string
around your neck
it'll make your day

walk with it
sleep with it
read it out loud
quote it at will
make sure you've
memorised
every last line

then when it
falls apart
you're the glue
and the book
will keep you
together

păstrează cartea asta

mai bine decât sutrele brahmane
nu-i nevoie de incantaţii
nici de lovirea gongului
atârnă-ţi-o doar pe o sfoară
în jurul gâtului
te va face fericit pe ziua de azi

mergi cu ea
dormi cu ea
citeşte-o cu voce tare
citează din ea cât vrei
să fii sigur că ai
învăţat-o pe de rost
până la ultimul rând

apoi când se va
destrăma
tu eşti lipiciul
iar cartea
te va ţine
bine legat

un/heimlich

I spend my time
with poetry
like a drunk
in the ocean of drink
home
and pleasantly unfamiliar
and no need to think
that I think

un/heimlich

îmi petrec timpul
cu poezia
ca un beţiv
într-un ocean de băutură
acasă
şi plăcut nefamiliar
şi nu-i nevoie să gândesc
că gândesc

the years of obscurity are long, whichever way you look

however
given the length of eternity
and the incomprehensible scope of the universe
the plausibility of parallel and multiple universes
(and their ceaseless moment-to-moment proliferation)
I feel certain that just as there is a world somewhere
when I was emperor-god and wizard-in-chief
so equally it must be that my works
(and indeed my most casual musings)
will be lauded and memorialised
and examined to the minutest detail
published in a deluxe edition
like the thoughts of Enver Hoxha
and Nicolae Ceauşescu
but offering the reader
so much more pleasure

anii obscurității sunt lungi,
indiferent de perspectivă

totuși
ținând cont de lungimea eternității
și de domeniul ininteligibil de mare al universului
de plauzibilitatea universurilor paralele și multiple
(ca și de proliferarea lor neîncetată, clipă de clipă)
sunt sigur că precum există o lume undeva
unde eu eram împărat-dumnezeu și vrăjitor-șef
în același fel trebuie că lucrările mele
(chiar și cele mai întâmplătoare speculații)
vor fi lăudate, memorizate
și examinate în cele mai amănunțite detalii
publicate în ediții de lux
precum gândurile lui Enver Hoxha
și Nicolae Ceaușescu
dar oferind cititorului
mult mai multă satisfacție

CONTENTS

CUPRINS